大展好書　好書大展
品嘗好書　冠群可期

大展好書　好書大展
品嘗好書　冠群可期

超現實心靈講座 23

秘傳！
西藏秘教奧義

高藤聰一郎／著
李 芳 黛／譯

大展出版社有限公司
DAH-JAAN PUBLISHING CO., LTD.

前言

西藏密教是一個謎樣的世界，在社會主義政權下的今日，仍四處存在著輪迴轉世的活佛。另外，將遺體交由鳥處理的鳥葬依然實行。

住在這種奇妙世界裡的西藏人，一直信仰著西藏密教。這就像神秘的宗教一樣，讓造訪此地的外國人目睹難以置信的光景。

例如，在嚴寒的冬天，只憑自己的體溫讓雪溶化的喇嘛（此處定義為西藏密教僧）、飛行於空中的喇嘛、在衆人眼前消失的喇嘛……，這些令人難以置信的喇嘛們，均被造訪西藏的歐美人一一記錄。

本書即以此謎樣修行法為目標，針對如何實踐、得到何種體驗……為主題深入探討。本書並無觸及西藏密教的歷史、思想或宗教觀等問題，因為這些論述已有更精闢的書籍加以深究。

坦白說，以日文記載的西藏密教行法書（只有極少數），內容均難以了解，因為對於適合西藏人閱讀的書，精神風土完全不同的日本人就這麼將它翻譯過來，這就好像要求不懂伊斯蘭教的我們，直接去理解伊斯蘭教的思想一樣。

如果是純粹的宗教書，的確應該如此，必須將正確的宗教樣式傳達出來，但行的技巧就另當別論了。將不懂的內容就這麼直接寫下來，再怎麼看也看不懂，即使過了幾十年一樣不懂，為了解釋內容，恐怕得花上一輩子的工夫。以更嶄新的內容寫更適合現代人的書——我想這種精神是有必要的。

關於中國仙道，我曾以此思想為基礎，寫了十幾年相關入門書，不知是否內容非常適合日本人、深入淺出（我如此自負），所以博得四方好評，現在已有中國大陸、台灣的翻譯本出現。想想看，身為日本人的我有點難為情……，但實際上，連當地中國人也對古色蒼然的傳統仙道書不很清楚。

現在日本出版的西藏密教行法書，也是這種古色蒼然的同類，仍然拘泥於尼馬派、伽可派或者奇爾派，內容神秘難懂。

為什麼會變成這樣呢？因為這些書都是原封不動地翻譯西藏

語或活躍於歐美的喇嘛們所寫之英語書，並沒有將內容改編成容易了解的程度。當然，對於想成為僧侶或以西藏密教為目標的人而言，書本內容忠於原著絕非壞事。但對我們大多數門外漢而言，可就艱深難解了，這也正是西藏密教之行，始終難以令人了解的原因。說得簡單一點，西藏密教之所以未普及，是因為沒有適合現代人的行入門書。這也正是我寫本書的理由。

本書雖非內容最完整，也許因才疏學淺而有遺漏錯誤，但我可以很自豪地說，目前尚無類似書本出現，所以可說是一本難得的書。讀者閱讀本書後，請試著與其他行法書比較看看。其他書在思想上或許是高難度內容，但其行法介紹卻繁瑣難懂……，這對於讓現代人了解而言根本幫不上忙。

簡單敘述本書的特徵。首先是內容整理得適合現代人閱讀，其次是嗅不出宗教味。接下來是不過度傾向超能力，雖然經驗談中提及一、二，但行的內容非常合理，完全沒有超自然技術。

更重要的是，本書介紹獨自訓練法。密教之行要「獨自練習」，實在是相當困難的事情，但對現代人而言絕對有必要，所以本書也以「能夠獨自練習」為重要目標。無論如何，本書關於行的介紹，是以往西藏密教書中所沒有的，可說是一項新挑戰。是故宗教氣息略嫌淡了一點，但因為行的書並非單純信仰之書，所以這也是一項好的嘗試。行的解釋、訓練方法非常合理，對現代人而言非常有必要。

本書以無西藏密教知識的人為對象而寫，但並非以完全外行人為對象。多多少少有些這方面知識的人，例如仙道、瑜伽、日本密教等，最適合閱讀本書。有這方面素養的人閱讀本書之後，應該能對西藏密教有一番深刻體認。當然，完全外行的人閱讀本書也很有幫助，不要說對西藏密教有深刻體認，至少能對西藏密教之行有一番了解。關於行的啟蒙書，本書是當今最佳選擇（不久之後也會有專家寫類似書吧！）。

對於了解西藏密教的人而言，這應該可以成為另一本參考書，將這本書放在你所使用的正統專門書旁邊，遇到不了解之處查閱比較看看，不明白之處應該可以解除，因為我也整理了一些原書解釋部分。希望本書能深受讀者喜愛。

目錄

第三章　制御軍荼利火的內火之行

第四章　奇怪實體出現的幻身修行

第五章　超越頭頂的秘法、轉識之行

第一章

謎樣的西藏密教與其學習方法

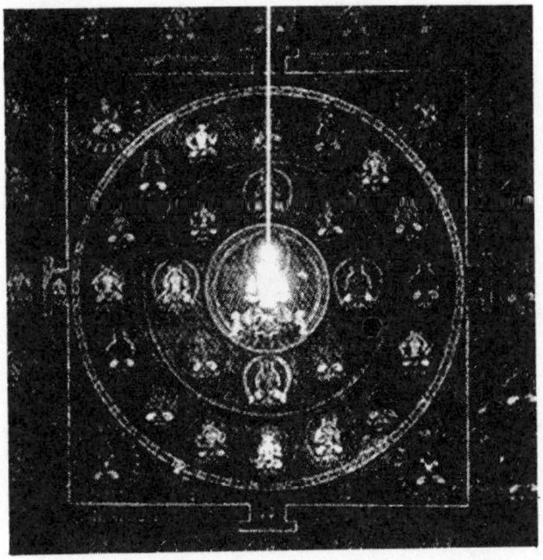

西方人所看見的西藏之神奇

有世界屋脊之稱的喜馬拉雅山，其北部就是西藏高原，大部分為超過海拔四〇〇〇公尺的高地。

一般所稱的西藏，是以拉薩為中心的中央西藏（衛與藏）、西藏東部及以四川省為中心的康、以青海省為中心的安多等廣大地區。此外，在此周圍的克什米爾的拉達克、尼泊爾北部、錫金、不丹等多數地區也都屬於這個文化圈。

這些西藏人們所信仰的就是西藏密教（正確而言是含有顯密兩方的西藏佛教）。

從遙遠以前就被嚴峻的大自然包圍的西藏高原，因特殊神秘性而備受世人矚目。

到了近世，通往西藏之路大開，從世界各地前來的學者、宗教人士、超能力人士不斷增加，目的均想一探秘教實體之究竟。他們目擊到了這個世上絕無僅有宗教的神秘部分，並且記載流傳下來。

例如N・K・瑞利在『Heart of Asia』中就寫道……

西藏有個都市叫西卡伽，當地有個名寺塔西努波寺，住著一位龐伽喇嘛（被稱為彌勒佛）。龐伽喇嘛與達賴喇嘛並稱是轉生佛的名門，據稱六世以來均具有優秀的靈力。

他曾經造訪印度，當時有位政府官員問他：「據說喇嘛教的高僧們都具有靈力，是真的

建於嚴峻山中的西藏寺院。大部分是在海拔4000公尺以上的自然中，神秘的宗教在此傳承。

嗎？」

龐伽喇嘛笑而不答，突然間便消失在衆人眼前。

這麼突如其來的情況，使得印度高官們大為騷動，在屋內拚命尋找其蹤影，但怎麼找也找不到。接著進來了一個人說了一些奇怪的話，根據他的說法，衆人跑到庭院中，發現龐伽喇嘛一直坐在一顆大樹下。

F・奧山特富士奇在『Beasts men and God』當中也記載了一段有關龐伽喇嘛非常有趣的故事。

據稱只要龐伽喇嘛下達命令，寺院中的燈便會一一點燃，描繪的聖像也能開口道法語。

美國有位女性人類學者阿雷克桑德拉・大衛・尼爾。她三番兩次造訪西藏，仔細調查西藏密教、喇嘛、魔術師們的實體。除了調查之外，自己也實踐西藏密教，得到非常神秘的體驗。

例如，她親眼目睹幾位喇嘛在她眼前消失，然後在其他地方出現的情景。

尤其她著作中提到的飛天喇嘛更是有趣。根據她的描述，喇嘛像球一樣在地面滾動，然後形成一個大弧形飛在空中。

「就在一瞬間，喇嘛已經飛到遠方天空中，我們一行人還在懷疑時，喇嘛早已不見蹤影了。喇嘛們使用此方法，一星期即可繞西藏一周。」

喀中描繪西藏密教各種聖像及神秘情景，顏色鮮明。照片是描繪龐伽喇嘛。

照此說法，與其說喇嘛是用飛行的，還不如說是用滾動的，而且一星期繞西藏一周，也著實令人驚訝。假設現在只有西藏自治區，周圍也有數千公里，這就和飛行速度一樣了。

關於喇嘛飛行，先前提到的奧山特富士奇也有奇妙的描述。

根據他的記載，喇嘛的導師使弟子呈假死狀態，利用藥草使其肌肉僵硬後用布覆蓋，再利用念力使其浮於空中。這根本就是空中浮遊。

當時進入西藏的許多歐洲人，都接觸到這種難以想像的光景，而這些全都是由西藏密教的負責喇嘛所引起的現象。

喇嘛使子彈彈落地面的駭人法力

我曾在一九八〇年中造訪西藏。當然這個國家從很久以前就是社會主義中國的一部分。想想看，從十九世紀末至二十世紀初，西藏歷經被外國社會開發的時代、第二次世界大戰、受社會主義中國解放，接受如暴風雨般的文革各種破壞至今，一九八〇年代的西藏仍存在許多後遺症。

現在許多寺廟已經修復完成，我所到的拉薩，據說原來只有大昭寺、得本寺、沙拉及其他二、三間小寺廟，喇嘛總共也不過數千人而已。

在導遊帶領下，我登上小山丘眺望周邊，拉薩四周盡是如廢墟邊的寺院殘骸。

文革時期，不單單寺廟受到破壞，多數喇嘛還被迫還俗，西藏密教瀕臨垂死狀態。不甘受壓迫的喇嘛們，於是紛紛逃往鄰國。

我想，正因為這個原因，所以中國的西藏密教死亡了……。

的確，表面上真是如此，寺廟中殘留的喇嘛，為了害怕當局的壓迫，多半不太開口，外國人曾經記錄西藏密教謎樣部分，至此完全封閉。

但沒想到，接觸西藏密教之界的機會敞開了，那就是民衆。當他們得知我這個外國人對西藏密教有興趣時，高興得將其世界中各種情景告知，而且與十九世紀歐美人所描述的西藏密教世界絲毫不差。即使受文革風暴摧殘，西藏密教依然在這個土地上延續命脈。

以下要介紹的，正是我親耳所聞驚異世界的一端，一切都是成為社會主義中國之後的實際情況，也是對日本人而言的嶄新資訊。在介紹西藏密教修行法之前，我想各位應該先了解西藏這個地方。

首先是以神奇威力將人民解放軍士兵發射的子彈彈至地面的故事。

那正是人民解放軍進入西藏的那一年。有個部隊越過深山後，終於到達西藏高原，他們一面攻擊西藏人，一面在岩石上行軍。

有一天，部隊看見一位正在瞑想的喇嘛坐在前方小高原上，於是士兵叫道：「快點下來！」但喇嘛絲毫不加理睬。

士兵再三下達命令後，喇嘛仍然不答應，有位士兵拿起槍桿往喇嘛身上發射子彈。就在這一擊的瞬間，奇妙的事情發生了。

子彈在喇嘛面前急速落下，落在喇嘛腳邊。士兵感覺奇怪地連續發射子彈，但子彈均飛至喇嘛腳邊。士兵見狀更是不甘心，於是開始全力向喇嘛射擊，但子彈都在喇嘛面前急轉彎落下，往別的方向飛去。最後士兵嚇得落荒而逃。

但就在最後一瞬間，一發子彈正中喇嘛身體，喇嘛隨著噴出的鮮血倒下。原來是部隊後援女民兵擊中喇嘛的身體。

為什麼男士兵的子彈打不中，女兵的子彈就命中呢？至今還是一個謎。告訴我這個故事的西藏人做了一個假設，佛教認為女性是不潔之物，所以喇嘛之力抵擋不住。當然，這仍待求證。

消失在虛空中的喇嘛

阿雷克桑德拉・大衛・尼爾寫過關於喇嘛在空中飛翔的書，我也聽說喇嘛飛於西藏的故事。照尼爾的說法，喇嘛在空中飛翔，實際上是在「空中彈跳」。而我所聽聞的卻真的是在空中飛翔的喇嘛故事。這是解放後發生於西藏西部地方的事。

有一天，一位遊牧男性照例在山上放羊，發現一位喇嘛朝這個方向過來，這條路再往前就是二條叉路。

男子若無其事地看著正在走路的喇嘛，不久，喇嘛在叉路的地方停止，好像在猶豫著不知該往哪一條路。就這樣五分鐘、十分鐘過去了，一小時後，喇嘛還無法決定前進之道。

男子於是大聲問其要往何處去，準備向其指示道路。當時男子的一些遊牧朋友也靠近，興緻勃勃地望著這位奇怪的喇嘛。最後，喇嘛好像決定好目的地似地凝視前方，奇怪的是他不是往二條路的某一條路，而是往二條路的中央前進。

到底會發生什麼事呢？

男子及遊牧朋友們見到喇嘛的身體浮在空中，往前方滑翔而去。

一群人驚訝地望著此光景，喇嘛保持一定高度，無聲地往前方滑去，姿影愈來愈小，最後就像在豆粒一樣消失在視線中。

後來人們往喇嘛飛行方向去尋找，並詢問住在當地的人，但沒有人再見過這位喇嘛。

於是土地上的人們傳說，喇嘛在叉路點悟道，便往虛空消失而去。

少年僧伽馬帕目睹喇嘛們無窮的威力

具有這種驚人威力的喇嘛，在解放當時，也就是大約三十年前，為數不少。

關於這一點，我在拉薩外國人用賓館中，有機會一聞在賓館服務的四十多歲（當時）男性敘述。

伽馬帕一直單身，詢問其理由，他說：「一回到家就想讀經瞑想，不想有妻小。」

他八歲時入寺為僧，往後八年一直住在沙拉寺及歇普寺中。由於是小僧，與其說是在寺廟中修行，倒不如說是在成人喇嘛身邊打雜。西藏地貧、窮苦人家多，當時次男、三男多入寺為小僧。

伽馬帕在共產黨解放後被迫還俗，但因為信心堅固，所以仍欺騙官員，繼續喇嘛時代的生活。在文革期間，便將佛像、經文藏在牆壁內，等待夜深人靜獨自修行，這種人似乎不少。伽馬帕對我而言，可說是相當重要的人物，因為他將自己目擊的西藏密教世界種種，毫無隱瞞地告訴我這個外國人。

在寺廟中的喇嘛，由於害怕導遊、政府人員監視，所以各個口風很緊，不太能說什麼深入的話。唯一在公共場所能針對西藏密教放言而談的人，就是布達拉宮內的指導員。布達拉宮已經不是信仰場所，而是一個觀光地（真悲慘），在裡面服務的指導員，也不是現職喇嘛，只是管理人員而已。

再回到伽馬帕的談話上，我最想聽到的是僧院內部喇嘛的直接修行實態。

每天和他見面就問他以前的事，最後他告訴我小時候所見師父喇嘛們不可思議的事。這對學習西藏密教的人而言，是相當有趣的話題。

例如，有一次見到此光景。

「有位師父在讀經精神集中後，坐到竹籠子上，但竹籠一點也沒損壞。」

我聽了有點懷疑，結果他真的拿竹籠讓我看，令我大吃一驚，那是用細竹皮編成的竹蓋而已，沒想到師父坐在上面瞑想數十分鐘不會跌落，伽馬帕暗中表示那是因為師父的體重消失的緣故。

又有一次，他目擊到更有趣的現象，師父使遠處的手提袋膨脹、凹陷。

「師父將袋口綁起來，置於一公尺遠的地方，於是開始捧經而讀。結果怎麼樣？配合讀經師父的呼吸，手提袋膨脹又凹陷，令我大為吃驚。」

再繼續伽馬帕的目擊談。這是使人連馬一起回來的技巧。

「有位男子騎馬出遠門，過了好幾天都沒回來，家人擔心之餘找喇嘛商量，喇嘛表示可藉念力使其在一天內回來。結果過了一天，男子真的騎馬而歸。」

家人好奇地問男子怎麼了，男子回答：

「昨天有一股強大力量將馬拉住，馬立刻掉頭往家裡奔馳。我雖然還想往前進，但一點辦法也沒有，只好回來了。」

照伽馬帕所言，當時所有的喇嘛都有這種力量，而且在寺廟期間，經常目擊到這個現象。即使在解放後，曾經修行具備此能力的喇嘛還殘留很多，只不過其傳統已隨文革風暴消失了。

超人喇嘛及通往奇妙空間的謎樣石頭

前面介紹的故事都是發生於西藏被中華人民共和國解放至文革時間的事，比歐洲人所報告的資料還新，但在現代而言，就是古老的故事了。在舊有文物完全被破壞的文革時期以後，一般已經很少聽見這些事了。

理由是具有真能力的喇嘛逃往國外隱居，不再現身於人。

但從八〇年代末開始，受中國自由化政策之惠，不但西藏密教活動復活，具有超能力的喇嘛也被確認依然存在。以下所要介紹的，正是在今日社會主義下存在的驚異喇嘛故事。

從拉薩往東荒涼的西藏高原走，可以到達查姆杜這個地方，此處有個車馬地區，再前面一點有個帕遜責湖。

此湖正中央有個小島，小島上有一間庵，庵中住著一位喇嘛，這位喇嘛不著僧衣，總是身穿人民服（聽到此事是在八〇年代末）。據說解放後還一直穿僧衣，以普通喇嘛的身分生活，但由於文革時期對於宗教強力打壓，於是改穿人民服。

他在島及湖的四周耕作，過著農民的生活，但這只是在宗教壓迫下的隱居形式而已，實際上他仍每日勵行密教修行，所以他還保有神奇之力。例如，島與湖岸之間沒有橋，連小船也沒有，但喇嘛卻每日能自由往來。是游泳嗎？不！實際上他是走在水面上。

根據目擊此現象的附近遊牧百姓說法，從島上到湖岸上的農田時，喇嘛身穿平民服，扛著圓鍬，自然地立於湖面，正如一般人走在平地上一樣。

當他耕作完畢後也以相同步調回家。

一開始目擊此現象的人，好像會不相信自己的眼睛，往往呆然若望地盯了好久。

關於喇嘛不可思議的故事並非只有如此，事實上還有更像謎語般的行徑。以下就介紹喇嘛所表示出來難以令人相信的法力。

在帕遜責湖自古即有一個傳說。此湖岸有一個普通人看不見的謎石。

石頭可用雙手抱，所以並不是特別大，石上有凹洞，堆積雨水、露水。普通人看不見石頭，當然也看不見堆水。但如果能看見此石，並取其堆水飲用，不但能使命運好轉，也可延長壽命。實際上就有幾個人飲用過此水，並證實此石的存在。

先前提到的喇嘛當然看得見這塊石頭，他往來島與湖岸時就利用這塊石頭的力量。

喇嘛經常說：「這塊石頭看起來很小，但內在世界卻很寬廣。」修行的結果，他好像能自由進出此處。但自從那件事發生後，他再也不提此事了，那件事就是……。

距今數年前，喇嘛孩提時代的好朋友來訪，久未謀面，二人暢談甚歡，天南地北地聊著，當然也談及帕遜責湖岸邊的奇妙石頭。

喇嘛毫不隱瞞地告訴這位好友，自己看得見石中寬廣的世界。好友千拜託萬拜託，請喇嘛讓他一睹石中世界，但為喇嘛所拒。原因可能是俗人無法進入石中，或即使進入了也看不見什麼。

但好友只願一探神秘世界，即使犧牲生命也在所不惜，喇嘛敵不過好友的苦苦哀求，終於答應帶他一起進入石中世界。

走著走著，好友什麼也看不見，當一到達那個場所，突然，帕遜責湖的謎石出現眼前。仔細一想，原來只是一塊小石頭，到底這麼小的石頭該從何處進去呢？這時喇嘛說道：「走吧！到石中世界去！抓緊我的手！」

好友看見石頭凹處的水面愈來愈大，不久就像一面鏡子般。

喇嘛踏進如鏡的水面上，慢慢地往裡面走，好友則拉著喇嘛的手跟在後頭。不可思議的是，那既沒有水也沒有其他東西，而是如空氣般的感覺。再往裡走，其處不分上下、左右、前後，整體是由乳白色之物組成的奇妙空間。

喇嘛牽著好友的手解說，這是什麼樹木、這是什麼、那裡有這種建築物……等等，接著喇嘛尋求好友的附和，「如何？」但好友什麼也沒看見，只感覺在乳白色的霧中移動。而且有浮在空中的感覺，好友無法具體回答，就這樣一直跟在喇嘛身後。

過了一會兒，喇嘛說：「回去吧！」不知不覺中，二人已立於原來的湖岸邊，這時候石頭也不見了。後來好友將此神秘體驗向附近居民誇耀，喇嘛非常生氣，從此不再提及此石。

介紹過現代西藏各種超人喇嘛的故事後，你是不是也對西藏密教產生興趣了呢？接下來就向各位介紹如何學習這種謎樣宗教之行。

西藏密教之行的成立

依傳統分類，西藏密教之行由下列事項組成：

●事部（雜部、作密→所作坦陀羅）
●行部（修密→行坦陀羅）
●瑜伽部（瑜伽密→瑜伽坦陀羅）
●無上瑜伽部（無上瑜伽密→無上瑜伽坦陀羅）

這四部簡單地說就表示行的程度，例如，行部比事部具有高度體系，瑜伽部又比行部具有高度體系。無上瑜伽部即為最高階段。

進行行的場合，從低程度往高程度前進是一般常識，但在西藏密教卻無此必要，一開始就可以實踐最高的無上瑜伽部。

為什麼呢？因為其各別獨立，前述四個部並非代表單獨程度別的行體系，而是每個時代的發展過程（隨著時代變化的式樣）。上位程度（過程）之行，就是包含以前之行（並非一切）。說明四部內容後即可明白日本密教與西藏密教的關係，在此簡單敘述。

◆事部（作密→所作坦陀羅）

這是在密教成立之前，以紛亂狀態存在的真言、陀羅尼或各種神秘行之集大成，以後期的大乘佛教宗教哲學補充完成。

雖然已具現在密教般的型式，但從修密而言，可說離完成體系尚遠。

日本的雜密（以空海為主的密教）也屬於此，但比西藏密教所說的作密還處於原始階段。可謂歷史上第一期階段的密教。代表經典有建立三昧耶經、蘇悉地經等等。

◆行部（修密→行坦陀羅）

這是解明密教代表經典，大日經深奧世界的體系。因為修密的登場，使我們今日所認識密教高度行的技巧得以完成，不是單純咒術，而是即身成佛的技巧。為大日經的曼陀羅世界（胎藏界）及其觀想法。

◆瑜伽部（瑜伽密→瑜伽坦陀羅）

這是記敍代表密教的另一本經典，亦即金剛頂經（金剛界曼陀羅）中所說行的技巧體系。理趣經等也包含在內。

日本密教大致上由行部（大日經系）與瑜伽部（金剛頂經系）西方面組合形成。一般對於事部（雜密）稱為正密或純密。歷史上稱為中期密教。

金剛界曼陀羅。曼陀羅是宇宙的縮圖，同時也映出自己之姿。密教藉著此曼陀羅的觀想，得到與佛合一的境地。

◆**無上瑜伽部（無上瑜伽密↓無上瑜伽坦陀羅）**

這是瑜伽密更上一層的發展，只存在西藏密教中。代表為生起次第、究竟次第之行法，前者為後者的前階段行，後者在觀想法中還加入呼吸法、肉體控制法（瑜伽般之行）之行。

這些都是從以下的瑜伽父、瑜伽母、時輪瑜伽行體系而來。

▲瑜伽父（父坦陀羅）＝追求曼陀羅觀想法至極限之行，為後來生起次第的基本。日本密教中也具有類似體系。

▲瑜伽母（母坦陀羅）＝驅使起源於印度的獨特生理學（瑜伽），追求行之物。為究竟次第之原形。

▲時輪瑜伽（不二坦陀羅）＝這是使父瑜伽、母瑜伽合一而成。只傳達一部分（非常貧弱）到日本，在歷史上稱後期密教或左道密教。

本書所介紹的當然是屬於無上瑜伽密的技巧。

一言以蔽之是無上瑜伽密，但並非如此單純之物，各派均含有龐大體系及經典，本書不可能一一介紹，只能將對象範圍縮小，其基準如下：

●最高階段之行。

●體系整齊。

●量少，亦即學習量少即可完成。
●行不太複雜。
●只要進行這些事項就可熟悉密教。
●可依書本獨自學習。

最後部分最困難，因為密教並沒有不用師父即可進行之行，一切重要部分均由師父口傳，經典上記載的只是大綱。因此，普通幾乎達不到此基準，但也並非絕對不可能。

例如，伽可派中就流傳稱為那羅六法的究竟次第系之行，此行符合某種程度的要求（是某種程度）。那羅（naaro）亦即那羅爸（naaropa→-pa代表父親、男性），是伽可派的始祖之一，據說西藏人的在家修即傳承於此人。

那羅六法是指下述六項：

①內火（gtummo）之行＝使體內發生稱為槍達利尼火的能源之技巧。
②幻身（sgyu-lus）之行＝我身幻滅的技巧。也稱為幻體出現。
③夢見（rmi-lam）之行＝在夢中修行的技巧。
④光明（od-gsal）之行＝內在光，亦即控制瞑想狀態所見光的技巧。
⑤轉識（pho-ba）之行＝體外脫離體驗技巧。消除頭腦意識之行。
⑥中有（bar-do）之行＝不陷於佛教所說中有境地的技巧。簡單說，也就是超越輪迴

轉世的技巧。

以上那羅的六法可以滿足之前過分的要求。

西藏密教依三種或四種行即可成為名家

請看下一節，這是漢譯那羅六法（以下簡稱六法）的註釋書中所出現的。

——西藏密教中有許多法門，六法可說是其大要，六法不必全部學習，只要精通一、二項即可。

敍述行的特徵，首先是不要灌頂的儀式（成為正式密教行者的儀式）。六法與本尊法（得自己的本尊）的修行有切也切不斷的關係。沒有上師（優秀的老師）的自我修行，想成為精通者很困難，但利用「內火」之行的簡化方法，沒有老師一樣可精通。

六法之中，最初非精通不可的是內火之行。這是控制氣脈的方法，其他五種行均以內火之行為基本。如果無視於此，一開始就進行內火以外之行，不要說達到某種程度的成果，就算要完成真正的六法也是不可能的事。

簡單敍述氣脈的控制法，就是以控制三脈七輪（三種脈與七種圓光）為中心。

一般的六法是在精通內火之行後才進入其他行。

例如，進行第二項幻身之行，這與做夢有密切關係，所以可以一起修行。或者進行第四

伽可派祖師之一那羅巴。六法之真實瞑想系統大成就者，開拓在家修行之道。藉此秘法，我們凡人也可體驗密教深奧世界。

項光明之行，精通後即可得光明體驗。

無論如何，內火之行後再進行這些行，最後才進入最終階段的中有、轉識之行。原本這二項在將近臨終之時進行也來得及——。

以上一節，實際上已清楚表示如何學習六法。彙總而言即……

①六法不必全部學習。

②不要灌頂儀式。

③關於內火之行，本尊法也不要。

其實這些是學習密教之後可期待的結果，因為密教除去②的灌頂及③的本尊法後，絕對無法學習。然而，那羅的六法在入門階段完全不要這些，不用老師、自行在家修行即可學習密教，這對一般人而言，實在是好消息。

第①不必全部學習之點，更是一大福音。如果必須學習一切後才可完成行，那可能終其一生都無法達到。確實精通一、二項即可，這對凡夫俗子的我們，比較容易達成。

事實上，六法的各行有其共通性，內火與另一種行完全精通後，其他行不特別學習也可達成。

當然，也並不是如此簡單，所以在獨自學習精通一種行後，盡可能跟隨西藏好師父學習比較好，如此進步快速、可精通全體系。

這六法之行，依行的性格還分為好幾組。

首先是生存時進行的行，與臨死時進行的行。生存時進行的行又分為白天進行的行（覺醒時的行）與夜晚睡覺時進行的行（睡眠時的行）。茲述如下：

▲生時進行的行（生存時的修行）

覺醒時進行的行（白天、起床後的修行）……內火之行／幻身之行

睡眠時進行的行（夜晚、睡眠時的修行）……做夢之行／光明之行

▲死時進行的行（臨死前的修行）……轉識之行／中有之行。

另外，六法之行也有程度之分：

▲第一階段的行（入門程度之行）……內火之行

▲第二階段的行（中間程度之行）……幻身之行／做夢之行／光明之行

▲第三階段的行（最終程度之行）……轉識之行／中有之行

還是和前面一樣，並不需要六項都做，各階段選一、二項精通即可。

換言之，實際做的時候，可以第一階段一種（內火）、第二階段一種或二種（三種當中選一、二種）、第三階段一種或二種（二種當中選一、二種）組合。至少三種，多則四、五種也很好。

從具有龐大體系的西藏密教全體來看，這實在很驚人，不但不要灌頂儀式、不要本尊法

（關於內火之行），而只要進行三種行，即可精通繁雜的西藏密教之最高部分。

就因為這個原因，所以本書選這六法之行，詳細介紹技巧是其他西藏密教書中所見不到的。但六法技巧太龐大了，光是一本書無法網羅全部，但我也不能只憑自己判斷、依好惡而選，因此就有以下結果：

基礎的第一階段內火之行、第二階段幻身之行、第三階段轉識與中有之行，均納入本書。做夢之行與光明之行在他著『西藏密教做夢法』中，與我本身的做夢技巧一起介紹。簡單而言，覺醒狀態進行的行在本書介紹，睡眠狀態進行的行在別本書介紹。

本書不僅參照代表的那羅六法（漢譯、英譯、原文），還參照同為六法形式的尼克六法（上•佑可派「圓滿次第」）、尼馬派六法（尼馬派「大幻化网六成就法」）。為了區別起見，分別稱為六法、尼克六法、尼馬六法，除此之外則照用出典名。

本書順序為第二章六法之行的前行（準備行），第三章是一切六法基礎的內火之行，第四章是屬於中間階段的幻身之行，第五章、第六章是屬於最終階段的轉識（第五章）與中有之行（第六章）。

以前進行過西藏密教六法之行（包含其他派的究竟次第系之行）的人，可依需要閱讀，其他人則請依此順序閱讀。

第二章

初學六法者的準備階段之行

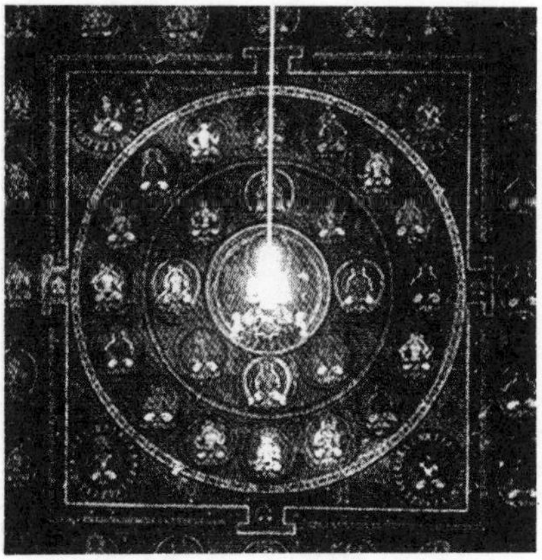

實踐西藏密教時的坐法與姿勢

六法之行由正式行之前的準備訓練前行（正式稱為加行）與正式行（正式稱為根本）組成。

正式拜師則依前行（加行）→灌頂（入門式）→本尊法（本尊的緣祖）→正式行（根本）順序進行。

本書是不用老師的方法，所以從前行直接進入正式行。

一言以蔽之，前行就是事先練習正式行所使用的各種意象、技巧。我詳細參照各種六法（那羅、尼克、尼馬）後提出以下方法：

①**坐法**……坐法及坐姿。

②**呼吸法**……與使內火發生的呼吸法關聯的意象法。普通六法與坐法一起稱為「觀身擁護輪法」。

③**內火能量意象法**……這是以內火為意象的技巧，正式稱為金剛佛母（Vajra yogini）觀想法，以密教女性護法神為意象。意象是人格神，但實體是一種能量，六法稱此為「觀外修身空法」。

④**三脈意象法**……這是透過內火開發中脈、左脈、右脈的意象法。六法稱與中脈有關的

技巧為「觀內修身空法」、與左右兩側有關的為「靈息修習法」。

⑤七輪意象法……控制內火能量中不可欠缺的正確意象七輪，就是此技巧。

⑥外在能量吸收法……這是從體外吸收能量的技巧。因為以歷代師父為意象對象，所以又稱爲師父意象法。這是一種能量吸收法，同時也包含彈掉外來邪氣的護身法技巧，所以六法稱為「靈力加持法」。

其中①與②在其他瞑想法、神秘行中也有，所以即使是西藏密教的門外漢也不難明瞭。但從③之後就屬於密教的意象，不習慣的人很難懂，尤其是追求實用（超能力）的人更有這種感覺。不過這是典型西藏密教之行（最高階段之行），所以不論喜歡不喜歡，都必須確實實行，否則無法進步。

傳統行的順序一定，若不依此順序而零散進行，則不易明瞭。在此我以簡化方法說明。首先是坐法（觀身擁護輪法）：

◆七支坐法

西藏密教的坐法，亦即修行時的坐法有好幾種。最常用的是七支坐法，其次為六竈坐法。幾乎所有的六法之書均出現這二種坐法，所以本書也以此為對象敍述。

七支坐法別名毘盧七支坐，以毘盧遮那佛（大日如來）的坐姿為意象。此坐法對於熟悉禪、瑜伽的人而言，應該不陌生，亦即結跏趺坐。

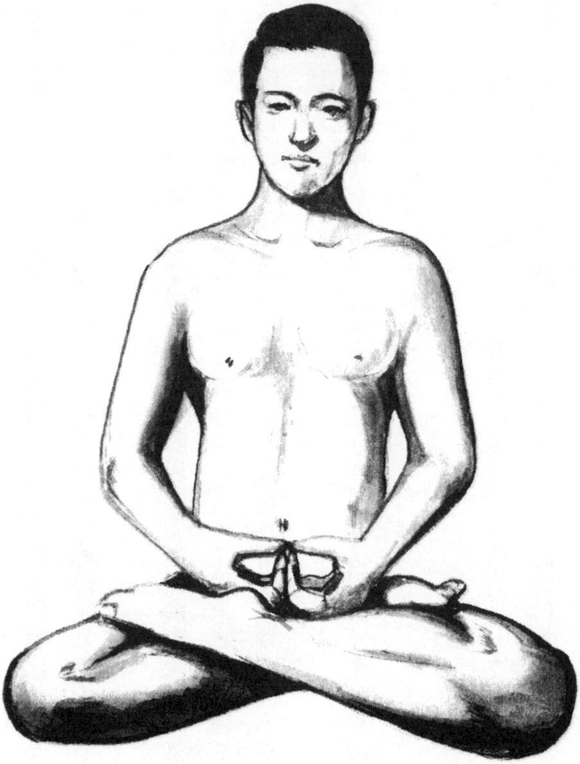

七支坐法：盤腿，右腳內側在上，放在左腳上方。接著左腳放在右腳上。感覺不安穩的人可以在臀下放坐墊。

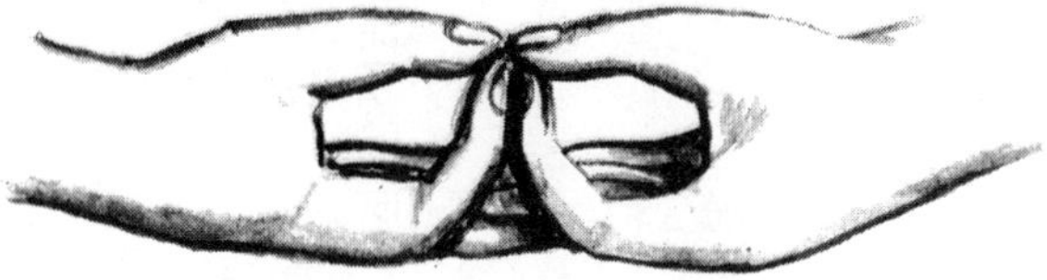

◉彌陀印
手掌向上，拇指與食指輕輕相扣，形成一個環，感覺雙手拇指輕觸。然後將此印放在肚臍以下4根處（距離4橫指）。

首先盤腿而坐，右腳內側在上放在左腳（上腿）上，接著左腳放在右腳上（左右任何一方在上均可）。

試試看就知道，兩腳組合、背打直，有點不安穩的感覺，好像快要翻倒的樣子，這時若在臀部下方墊坐墊，就非常安穩了。

對於不習慣的人而言，這種腳組合方式有些困難，所以也可以只單腳放在另一隻腳上的簡略盤腿方式而坐，稱為半跏趺坐或半坐。

腳的組合至此為止；接下來是手。

手置於臍下四指（橫向四隻手指）處，手掌向上，如圖所示相向，大拇指有互壓的感覺，這種手形稱為彌陀印。

接著打直背部，頭略前傾。

舌輕舐上顎、眼輕閉，視線向鼻頭（鼻尖），亦即意識置於此。

以上即七支坐法。接下來談其效能。

「雙腳組合對吸氣調節有幫助，背打直而坐可使體溫保持一定。頭略前傾可調整吐氣。舌舐住上顎可使意識注於前方，呼吸空中的能量、引入中脈。」

這一節記載於『大手印瑜伽法要』書中。說明七支坐法的效用。

以正式西藏密教修行為目標的人，一定要採取此種坐法……，但實際上對於身體較弱、缺乏體力的女性而言，長時間採取這種姿勢很辛苦。

因此，女性教祖尼克馬所編的尼克六法，就出現六竈坐法（尼馬六法也建議此坐法）。

◆六竈坐法

請看次頁圖，首先臀部緊貼地面，接著右腳置於左腳前，雙手靠在膝蓋上。

雙手組合的狀態下，手掌各置於另一手的手臂上。就是如此而已。親自實踐後就知道，這姿勢很輕鬆。為什麼要用這麼輕鬆的坐法呢？

依照傳承，伽可派始祖之一聖者米拉爾巴，就是採取這種坐法。

他因粗食及苦行而使體力耗盡，無法進行內火修行，所以他的老師馬爾巴就教他這種坐法。拜此坐法之賜，體力弱的米拉爾巴也能將內火之行練得爐火純精。這是專為體力弱者而設的坐法。

要用毘盧七支坐或六竈坐法都可以。在此提供註釋書中的例子讓各位參考。

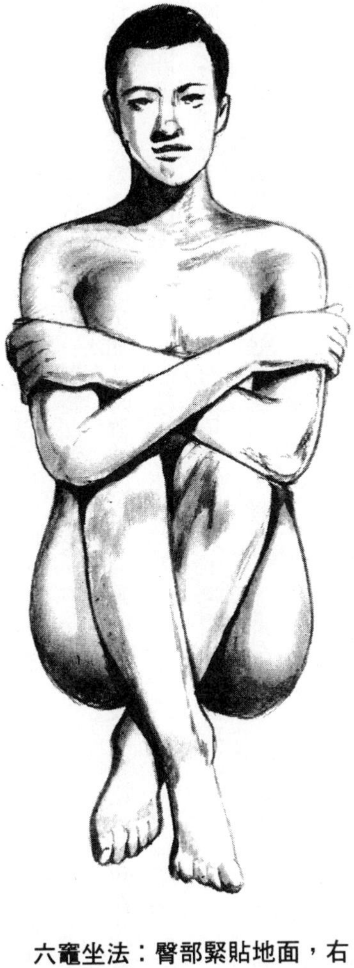

六竄坐法：臀部緊貼地面，右腳在左腳之前交叉。雙手交叉抱臂靠著膝蓋。

●毘盧七支坐……男性、普通體力之人，有耐性之人。
●六竈坐法……女性、體力弱的男性。

內火威力具現的十六歲裸體美少女

相當於內火之行源流的印度丹德拉，以女性比喻內火的能量（śakti），因此西藏密教也接受其傳承，適用年輕（十六歲）裸體女性的意象。

為什麼選擇女性為內火的能量呢？丹德拉的哲學講義中有很長的敍述，容我在此說明。正式談及此問題，請期待下一本書。

在此請各位了解內火威力是女性的這項事實，以下說明具體技巧。

這位十六歲年輕女性，稱為「金剛佛母」（漢譯），此外也有「金剛亥母」、「金剛瑜伽尼」之譯。

梵語是Vajra Yogini。「Vajya」是金剛、「Yogini」是瑜伽（Yogi）行者的女性形，所以漢譯金剛瑜伽尼最接近。

西藏語稱女性神為rdo-rje rnal-'byor-ma或mkhá- gro-ma。前者譯為金剛瑜伽母；後者譯為空行母。

雖然金剛瑜伽尼最接近，但我則使用漢譯中最常出現的金剛佛母。

金剛佛母：讓自己充滿意象。

名稱之說論至此，現在就進入關於內火的意象技巧吧！

◆內在能量控制法（觀外修身空法）

①意象金剛佛母之姿

「金剛佛母是密教的守護神，為十六歲年輕少女之姿，而且是裸體。」

這是六法中所描述的金剛佛母之姿。一般金剛佛母像、佛像等，都是坐在某物上的姿態，但畫像也有不少是全裸之姿。

意象是很愉快的一件事，西藏密教屬於坦陀羅系，所以各位應可自然體會此姿。西藏密教也常使用歡喜佛（交合佛，亦即性愛狀態的佛）意象法，請各位在進行時不要過於驚訝。

註釋書中寫道：「裸明真理……」。金剛佛母是世界的真理（能量），不為任何物（衣服等等）所覆蓋（隱藏）……之意。

各位不認為含義頗深嗎？西藏密教本來的意義就很深，不能只以單純女性裸體＝色情看待。

②所以先意象年輕裸體少女後……

「其姿為右腳抬起、腳掌朝上，只以左腳站立，立於橫躺者的胸上。」

看畫即可明瞭，佛母挺直單腳站立於橫躺在地面的人胸部上。

③至此還好，再下來就不得了了。

「金剛佛母有一個頭、二隻手、三個眼睛。」

不僅如此，更有甚者。

「右手反轉持鎌刀高舉，左手置於腹部處，抱著人的頭蓋骨，頭蓋骨中充滿鮮血。頭上戴著五個頭蓋骨製成的冠，頸上掛著由五十個人頭製成的裝飾品。」

聽見十六歲少女裸體時很歡喜，但聽到這裡，歡喜之心頓時消失。金剛佛母並非可愛的少女意象。

熟悉印度神像畫的人，應該見過類似這種意象，沒錯，就是卡利女神的畫像。金剛佛母並非卡利女神，而是侍女妲吉尼天。

發源地印度的妲吉尼天是淺黑色肌膚的美女（年紀也比較大）意象，但金剛佛母是肌膚與我們相近的西藏年輕少女意象。同樣都是蒙古人系，因此以日本女性為意象應該也可以。

④接著是「金剛佛母右手揮舞鎌刀，偶爾高舉於頭上，以其勢切斷行者之妄想、幻影，左手捧鮮血淋漓的頭蓋骨，代表無盡安樂之心。」

還不習慣這種可怕意象的人也許覺得很恐怖，但這種具有魅力而且恐怖的女神像，如果清楚印在頭腦中，妄想就會一吹而散。

一開始意象充滿鮮血的頭顱，可能除了害怕震驚以外，什麼也沒有，但反過來想想，這不正是嶄斷煩惱的最佳效果嗎？對我們凡人而言，沒有比這更恐怖的事了，習慣之後，就沒有什麼事能嚇倒我們，從此以後對任何事都能以平靜心相待。

接著，②所提到「右腳高舉，左腳踏在人胸部上」，所踏的不是人，而是屍體。此姿在佛教而言是「打破無明（比無知更無智），象徵智慧之火燃燒包裹全身之姿。」

如上所述，雖是充滿魅力，但確實是可怕的金剛佛母意象，每天反覆進行這種意象練習，熟悉之後再進入下一種行。

意象金剛佛母的擴大與縮小技巧

接著進行意象金剛佛母之姿擴大、縮小。日本密教者應該很熟悉「阿字觀」金剛佛母版。

①首先使我身變成金剛佛母，亦即瞑想自己的身體變成金剛佛母的意象。

②接著使變化後的實體進行下列變化。

◆金剛佛母實體意象法

「金剛佛母之體可以在空中，這是像一個空的紅袋子般，覆蓋其體發紅光，也可比喻成像個裝滿空氣的紅色氣球般。」

為什麼是這樣？金剛佛母是紅色氣球？事實上，這就是金剛佛母的正體。

佛母的實體是空，空是構成宇宙五大要素（地、風、水、火、空）之一，但其中有更難理解的概念。為什麼說難以理解呢？因為它不是肉體、不是物質，也不是氣（風→不是同姿）

據佛教辭典記載，「空是超越時空的作用」，或者「支撐物質的非物質作用」。

關於這方面，將在第六章再述，現在只請各位單純思考「支撐人的作用中之非物質之物」。

因為是非物質，所以金剛佛母體中，並沒有像人一樣的物質肉體、內臟、骨等，所以稱之為「像裝滿空氣的紅色氣球」。

這應該不難懂吧！但又不像氣球有一層橡膠外皮，而是空，由非物質所組成。

解釋至此，進入下一項。

◆金剛佛母擴大意象法

接著意象金剛佛母漸漸擴大。

①首先意象「此體愈來愈大，不久即充滿整間房屋」。此擴大不是一瞬間進行，而是從等身大的狀態徐徐擴大。

意象時最好隨著金剛佛母的擴大，周圍之物漸漸縮小，擴大意象更真實。

②意象「此體更擴大，達到如山一般大」。

此意象也和前項一樣，隨著意象的擴大，眼前自然風景逐漸縮小。

③不要停止擴大，最後——

「金剛佛母之體擴大至宇宙一般大小，與大宇宙結合為一」。

此意象也和前項一樣，周圍之物愈來愈縮小。茲述如下：

眼前所見地球逐漸變小→地球如沙粒般小→太陽系繼續運行→再繼續擴大則銀河系也像在自己體內一般，是小的存在。

最後是宇宙的大小……。至此已經看不見星辰、銀河，只意象金剛佛母成為黑暗中的宇宙。

原先以物理學、天文學真實意象宇宙之姿（約一四〇億光年之寬廣）的人，請將其像具體意象。

將體擴大至極限，之後再使體回復原來狀態，此行即結束。

西藏密教的意象法著實壯大，不是嗎？

◆金剛佛母縮小意象法

學會金剛佛母擴大意象後，現在則學習將身體無限縮小。

①首先從等身大開始，意象「身體愈來愈小，自己本來的身體像個小東西擺在一處」。

此時，周圍一切均隨身體縮小而巨大化。

②不要停止縮小，「不久，身體就像芝麻粒一般，再繼續縮小」。

依照六法所述，即使至極小程度，也要意象「頭、手、足、胴體一切存在的狀態」。

③就這樣一直縮小，到達意象分子、原子在眼前的狀態。

④最後，一切物質均消失的空間，亦即使身體縮小至周圍為空的狀態。

⑤極度縮小後再恢復原來大小，行即結束。

以上就是金剛佛母的擴大、縮小意象法。此外，金剛佛母意象法不是只有內火之行，還有幻身之行、轉識之行，一切都是共通的重要行，一定要練熟。

當精通金剛佛母意象法之後，接著進入內火通路的三脈開發法。

內火威力的三種路線開發法

所謂三脈是指中脈、左脈、右脈，均為內火能量通過的路線。六法中，中脈開通法稱為「觀內修身空法」、左右兩脈開通法稱為「靈息修習法」。但行為共通之事，所以此處統一對待。首先從中脈說起。

◆中脈控制法（觀內修身空法）

▲中脈（梵語為susumnā，西藏語為dbu-ma）……內火之行的中心路線。路線是通往脊髓中的脊柱第二椎海底輪（位於七輪最下方）至頭頂梵穴。色是如火般的紅色。

掌握以上特徵後即可進入意象控制法。

①變身為金剛佛母……一開始從自己變身為金剛佛母起。

「行者變身成金剛佛母」

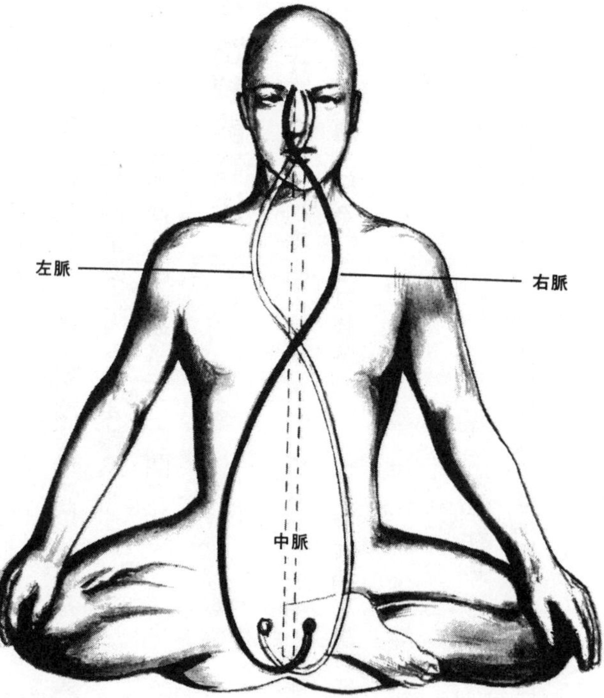

◉三脈：即中脈、左脈、右
脈，是內火能量經過的通路。

關於此意象已經在之前充分練習過了，所以應該很簡單。

②意象中脈之形

「體內有神秘能量流通的中脈，下從會陰、上至梵穴直行」。

你已經變身為金剛佛母，所以路線不是在你體內，而是意象在金剛佛母體內。

會陰是指性器與肛門的中間場所。

③意象中脈的屬性

「其色為鮮紅，明亮光輝如點燃中的燈火。直立的樣子如香蕉樹。中空如卷紙筒的中心」

這四項為中脈四種性質，彙整如下：

●紅色

●明亮發光

●直線狀態

●中空

以白話文來說，「路線中空的紅色光輝管」就是中脈的意象。請持續意象至浮現真實影像為止。

④中脈擴大意象……中脈意象真實之後，便進行擴大、縮小，也就是阿字觀的中脈版。

首先從擴大法開始實施。

「中脈漸漸擴大，首先如棒子般的粗。」

「神秘的能量通路細小分枝，看得見它一直到達手腳末端。」

隨著擴大狀態，也看得見分布在體內的脈（nadi）之狀態。脈細小分枝，至細微處有七萬二千枝。具體數是多少姑且不論，只要意象有無數分枝的脈即可。接著再使中脈擴大。

「接著，（中脈）成為一根大柱子，再擴大成家、山、宇宙。」

這也和前面一樣，隨著中脈的擴大，意象佛母之體漸漸擴大。

達到如宇宙大小般的程度後。再回到原來大小結束此行。

⑤中脈縮小意象……擴大意象法精通之後，接著進行縮小意象法。

「金剛佛母愈來愈小，隨著身體的縮小，體中的中脈也愈來愈細，最後成為毛髮一百分之一的大小，這麼小的東西，其中也是中空狀態。」

此意象的重點是，不論中脈縮至多小，必須保持其管中空。但是絕對不可以只是意象如細線般的東西。

「中脈繼續縮小，最後達到不可能再意象更細小的程度。」

這最後意象很困難，因為要維持中空狀態，而中脈又幾乎處於無的狀態。如果不能善用想像力，是很難達到的。

完成後，移至左右二脈意象法。

◆左右兩脈控制法（靈息修習法）

了解二脈的位置及特徵。

▲左脈（梵語為idā、西藏語為lkyan-ma）……這在中脈的左側。從右側的圓開始，在海底輪與中脈、右脈交會，在心輪（身體中心線，與心臟同高）再度與中脈、右脈相交，出左鼻孔後在眉間輪（兩眉之間）與中脈、右脈相交。別名月脈。性質據稱為涼、灰白色。

在說明七輪之前已經出現用語，不習慣的人可先讀下列七輪意象法。

▲右脈（梵語pingalā、西藏語ro-ma）……這在中脈的右側。從左側的圓開始，在海底輪與中脈、左脈相交，上升至右鼻。之後與左脈在同處與中脈相交，別名日脈。性質熱、色紅。

此二脈意象法如下：

①意象左右兩脈的位置

「體之中心有中脈通過，兩側有左右兩脈平行。此左右兩脈從鼻穴開始向腦上升，到達頭頂、後頭部與中脈平行而下，至會陰合一。」

②意象中空……與中脈一樣，浮現其路線為中空狀態的意象。

「左右二脈與中脈同為中空」。

真實意象後進行下一項。

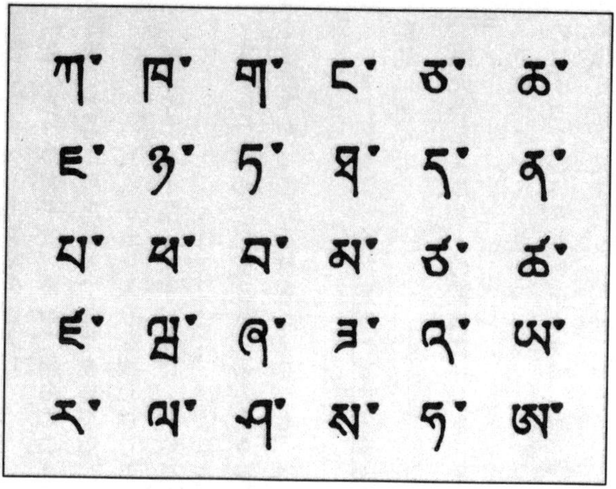

西藏語文字表。意象此文字列。

③脈上有聖文西藏文字列的意象……從這裡開始是左右兩脈獨特的技巧。

「左側並列十六個西藏聖文字。右側並列三十四個西藏聖文字。」

關於西藏文字的意象，六法註釋書中細小字形均可，尤其是西藏之外的人，只要意象如西藏文字般的字即可，上表為西藏文字表，供各位參考。

④西藏聖文字的出入

「各個文字就像絹線般細，色紅、垂直成一直線連接，與呼吸同時出入。」

到底是從何處出入呢？從鼻子。

「一心不亂地左右連接西藏文字，隨著氣息出入而使文字出入。呼吸為左右鼻交互進行。」

訣竅是左右脈有線一般的東西進入，然後

意象西藏文字如物品般垂下來的樣子，利用呼吸的力量從鼻子出入的感覺。

繼中脈之後，左右兩脈也藉著意象打開，其餘細小脈全部自動打開。

內火能量的變換重點、七輪開發意象法

三脈意象法精通之後，進入七輪意象法。所謂七輪就是印度瑜伽的七種圓光（chakra），使內火能量強化、成熟的行。

首先介紹什麼位置有什麼輪（圓光），其形狀又是如何？

①海底輪（mūladhāra chakra）

如前所述，在身體的最下部，位於生殖器與肛門中間，中國人稱此處為會陰，也稱為海底，海底輪名稱就是這麼來的。

形狀是圓形中有倒三角。

另外，在此倒三角形中，有卷曲成三圈半的蛇，此蛇是內火的能量。

在圓的周圍有四片蓮葉，此輪為黃色。專司地的能量。

請依上述意象。

②生殖輪（svādhisthāna）

這位於臍下四橫指處，也就是仙道所稱的丹田，意象如下：

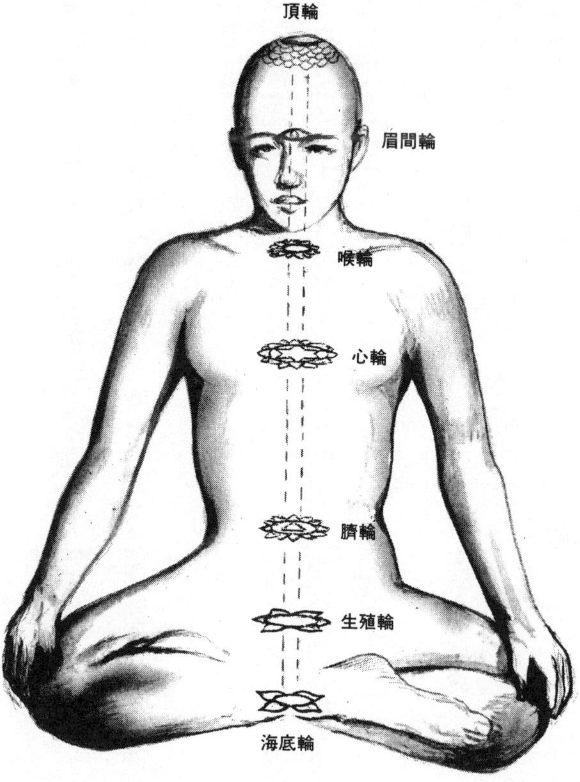

◉七輪：印度瑜伽所說的七種圓光。使內光能量停止，進行強化、成熟的重要部位。

形狀為圓形，中心有個小圓，其下配置新月形。

圓的中心有梵語的व（vam）字，圓形周圍包圍六片蓮葉。色白，專司水的能量。

③臍輪（manipūra chakra）

這是頭頂向會陰直線向身體中心的貫穿線上，正好是肚臍位置。意象方法如下：

臍輪是圓形中有三角形，三角形中有梵語的र（ram）字。圓的周圍有十片蓮葉向上圍繞。色紅（各色混合）專司火的能量。

④心輪（anāhata chakra）

這是在從頭頂至會陰的身體中心直線上，與心臟同高處。意象方法如下：

海底輪

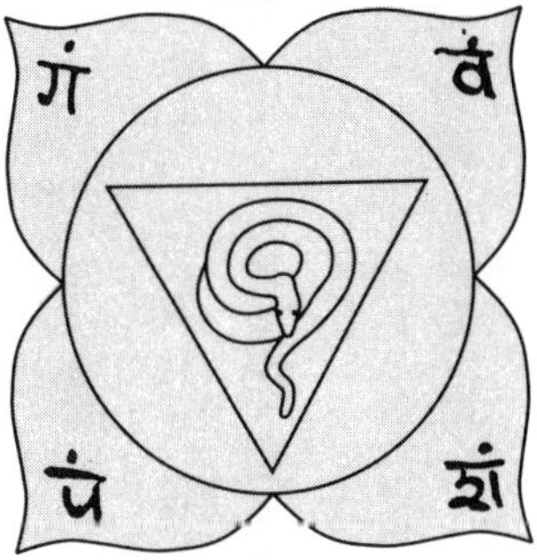

生殖輪

臍輪

心輪由上下相反的三角形合成進入圓的中心，與西洋的光芒星同形。
二個三角形合起的部分有梵語的य（yam）字，圓周圍有十二片蓮葉包圍，葉片向下，色白（帶有灰色的青色），專司空的能量。

⑤喉輪（visyuddha chakra）

這位於中脈的喉部。意象方法如下：

喉輪是在圓中有小圓之形，內側的圓中看得見梵語的ह（ham）字。外側大圓周圍有十六片蓮葉包住，葉片向上、色紅。

⑥眉間輪（ājnyā chakra）

心輪

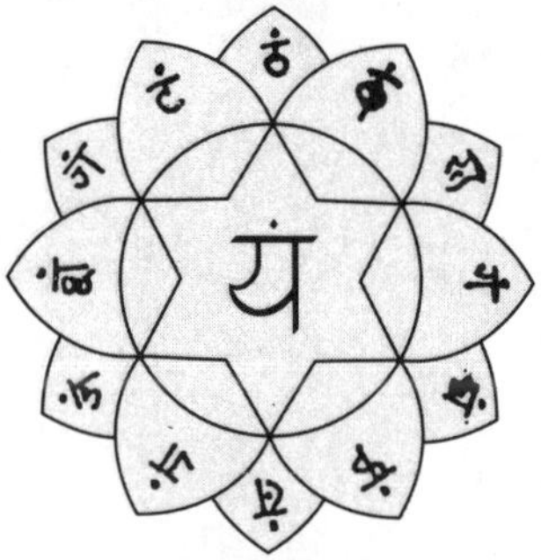

喉輪

眉間輪

頂輪

這是位於中脈上，在兩眉中間的場所，但實際意識時並沒那麼深，而是單純在兩眉之間。

意象很簡單，在圓的兩側有二片大蓮葉，圓中心有梵語的ॐ（a）字。色紅。

⑦頂輪（sahasrāra chakra／sahasrāra padma）

這位於頭頂，但不是頭的皮膚，而是往下深入二〜三公分。

形狀是圓形，中心有梵語的ॐ（om）字，周圍有一千片蓮葉包圍，看起來就像皇冠一樣，並且散發光芒，色澤耀眼不特定顏色。

文法中提到，頂輪中看得見白、綠、紅、黑等各種顏色。

原典記載「拙火（內火的別名）到達此處與大自在王（明點）交合」。明點代表發出內在光的點，關於此將在第三章詳細說明。

雖不是七輪，但梵穴也和六法之行有密切關係，所以在此說明。

▲梵穴……位於頭頂骨與後頭骨中間，大概是頭頂部的位置。西藏密教（印度的瑜伽亦同）視開此為行的最終目的。在中脈出口處，從這裡意識向外出。

嬰兒時，梵穴非常柔軟，一看就知道，壓新生兒的頭，會有柔軟的感覺。

◆實際意象法只用四～五種輪

雖說是七輪，但在西藏密教的內火之行，是將生殖輪與臍輪合而為一，普通以臍輪代表。

此外，眉間輪和頂輪也視為一體，此時則以頂輪為代表。

關於海底輪，只憑臍輪意象法也可得到內火之發生，所以不意象也可以。

這也不要、那也不要，結果絕對必要的就只有臍輪、心輪、喉輪、頂輪四種了。換言之，至少意象這些就夠了，有餘裕的人再意象海底輪則更完整。

意象法與先前金剛佛母或中脈時一樣，進行各輪之擴大、縮小意象。關於此，請參照前述之三脈意象法，並下工夫練習。

外部能量吸收法

這是從外部吸取能量的技巧。利用仙道之術可以吸收大地之氣或樹木之氣等進入自己的身體，使威力增加。但西藏密教並沒有這麼單純，雖然是相同事情，卻要用很複雜的意象技巧。

首先，浮現與自己派別有關的歷代恩師像，使其漸漸合一，最後實踐自己與老師一體化的理想，這稱為歷代上師意象法。當然，各派對象不同，伽可派以同派歷代恩師為意象對象，意象米拉雷巴、那羅等師像。

即使同派，依個人差異，其對象也不同，因為除了歷代老師之外，也必須意象直接傳法給自己的老師，亦即每個人進行行的意象不同。

獨自練習這種意象法進行西藏密教，可說相當困難，意象本身雖然簡單，但如果沒有直接傳法之師，則無法辦到。

但若隨隨便便找一位程度不怎麼高的老師，與其進行一體化之行，則難望進步，因為所具有的威力不足之故。從這個層面來考量，想要精通此行，在整個過程上可說相當困難。

如果真的沒有老師的人（當然是指好老師），也只有閱讀作法，等找到老師後再開始實行。

以下說明行的作法。

◆吸收老師威力意象法（靈力加持法）

①心中意象傳法之師……意象傳法之師結跏趺坐之姿在自己體內中心。

「自己中脈的中心，有傳授此行老師以結跏趺坐之姿盤坐。」

身體中心是指何處呢？即為中脈線上與心臟同高的場所。

②在頭上意象歷代師像

「在中脈的頭上，有歷代伽可派老師們結跏趺坐的姿勢。」

這該怎麼意象呢？首先在自己的梵穴上有一位老師坐著，接著另一位老師坐著，再接著又有另一位老師坐著的情形，想像歷代恩師重疊的樣子。

就好像母龜身上背著子龜、再背著孫龜的狀態，當然意象是老師而非龜。

③歷代恩師的順位……如何連結呢？

「坐在最下方的是傳法之師，坐在最上方的是金剛總持。」

體內有傳法之師，此處再度出現，但是坐在歷代恩師中的最下方。金剛總持（vajra dhara）是密教始祖，位於最上方。

那麼，中間的老師呢？西藏人大概都有關於此系統的知識，但我國大概就不清楚了，在此請先記住傳法之師的系統圖與恩師們的影像圖。以下是伽可派。

金剛總持→狄洛帕→洛帕→馬爾帕→米拉雷帕→傳法之師派的祖師→同派有名之師數人→你的傳法之師

找到實際傳法之師後，即可詢問詳細系統圖，然後綜合各師之像在腦海中意象。

◉在頭上連串的歷代老師
最下方是傳法之師，最上方是金剛總持。

④祈願文與意象……接著心中默唸下文，並意象內容。這有正式與簡略二種。

〈正式〉

祈願歷代之師，給行者的我加持，讓我眼前出現法殿、透視一切。

祈願歷代之師，給行者的我加持，使神秘的氣息滔滔流入我的中脈。

祈願歷代之師，給行者的我加持，使神秘的內火熊熊燃燒。

祈願歷代之師，給行者的我加持，使不淨的幻身快速清淨。

祈願歷代之師，給行者的我加持，使清淨的幻身出現我眼前。

祈願歷代之師，給行者的我加持，使夢、幻等虛無存在快速消滅。

祈願歷代之師，給行者的我加持，使我覺悟清淨光明，與心中呈現的一樣。

祈願歷代之師，給行者的我加持，使我進行轉識，轉入清淨佛的淨土。

祈願歷代之師，給行者的我加持，使我一生成就正覺的菩薩道。

祈願歷代之師，給行者的我加持，使我盡快證實真實的涅槃。

以上為標準長度，也有短一點的。

〈簡化〉

祈願歷代之師加持，使我身內火覺醒。

祈願歷代之師加持，使我了悟世界一切夢幻。

祈願歷代之師加持，引導我身至光明體驗。
祈願歷代之師加持，表現清淨的三身。
祈願歷代之師加持，使我轉入上層。
祈願歷代之師加持，使我盡速體驗涅槃道。

⑤歷代之師融化意象……像這樣祈願之後，即移至以下意象法。

「歷代之師一位接一位地融入下一位恩師中，最後只剩傳法之師。」

這該怎麼意象呢？在頭上重疊的歷代之師，從最上面的始祖金剛總持開始，一個個地往下融合，最後只剩傳法師留在自己頭上。

⑥傳法之師一體化

「歷代之師融入傳法之師後，傳法之師的身體像米粒一般小，從頭頂傳往中脈，下降至行者的心，坐在蓮華座上。」

這是位於心中的傳法之師，與位於頭上的傳法之師一體化的意象。

⑦行者與傳法之師一體化

「坐在蓮華座上的傳法師身體愈來愈大，不久即和行者一樣大，完全一體化。」

一開始，坐在心中的傳法之師如米粒般小，然後意象其逐漸擴大的樣子，直到與行者一樣大的尺寸，完全一體化，此時你成為老師（應該說老師們），能夠吸收其全部威力。

進行此行不僅能使此身具有恩師威力，還可藉此威力除去外來邪惡。換句話說，也就是密教護身法的功能，所以行者特別積極實踐。

至此前行（加行）結束。想必各位已經了解西藏密教之行究竟是怎麽一回事了吧！接著最好進行本行中最基礎的內火之行。

第三章

制御軍荼利火的內火之行

什麼是內在烈火，軍荼利火？

從本章起進入正式的六法之行，一開始是六法之行基本的內火之行。

西藏語稱此為gtum-mo，gtum是猛烈、暴之意，mo是母親，亦即「兇猛之母」。

漢譯有「靈熱」、「拙火」、「靈力」、「內火」等，一切均表示此能量的特徵，應該不難了解。只有「拙火」比較模糊，拙除了「拙劣」之外，還有「粗暴」之意，所以拙火就是「粗暴的火」，也可說是原語gtum-mo之譯相近。

另外還有「甘露明王」、「降魔明王」、「真大力」、「忿怒母火」等等，此處若要解釋就太抽象了，請自行體會。

梵語稱此為kundalini，漢譯的「軍荼利」為音譯。日本密教中見到冠此名的明王像（軍荼利明王像），其姿態為軍荼利的特徵，即蛇纏繞身體，這應該是其具體像。

總而言之，只要知道西藏密教的內火之行有各種翻譯名稱即可。我也因譯名過多而不知該選擇哪一個，最後決定用內火，因為簡單又貼切。

關於內火，元代『大乘要道密集』有如下記述：

「請問什麼是拙火之定（內火之行）？」

「意象臍下有灼熱的火能量，就稱為拙火之定。」

「為什麼稱為拙火？」

「拙火是指猛烈燃燒的火，例如，意象梵語黃色的『阿』字即可。其作用深入後，火焰之熱無法觸摸。再意象梵語的紅色『阿』，則突然爆發強烈火炎。因此而名之為拙火（粗暴的火）。另外，因為粗暴之故，所以也稱此行為暴火定。」

從此問答即知，內火是在身體內部所發生的強烈火，或者是赤熱般的東西，並非只是像體溫程度的溫熱而已，到底是到什麼程度呢？閱讀行的說明即可明白。

◆內火與名點

進行內火之行，必須先了解一個名詞，就是名點。事實上，內火也是明點之一。

▲離戲明點……指眼睛看不見的深處作用，例如空、極細質（構成人的素子中最精密、微細之物）。依據六法所言，進入非常深的意識狀態時，才能體會這種感覺。對一般人而言，這是似有若無的明點。

▲錯亂明點……這分為不壞明點、咒明點、風明點等三項。

●不壞明點……位於頂輪來自父親的白色精液（稱為白菩提）與位於臍輪來自母親的紅色精液（稱紅菩提）二項。均在中脈上。

這是出現在內火之行、中有之行的明點。西藏語稱為thig-le。精液不是所謂的物質，而是來自父母的奇妙能量。

●咒明點……專注精神唸誦真言、陀羅尼後出現的明點。日本求聞持法所說鮮艷的光點就是指此。

●風明點……藉著往後介紹的內火呼吸法而出現的明點，也可說是藉由呼吸法而出現的鮮艷光點。

▲**物明點**……指單純的體液，有淨與濁二種。

●淨物明點……指精、血、唾液等，具有以水、食物來養身體的作用。

●濁物明點……汗、小便、痰等老廢物。

明點顧名思義是光明點，但事實上也包含許多看不見的體液等雜物。

一般所說的明點幾乎都是指錯亂明點，專心進行內火之行時，藉由意象看見的鮮艷光點就是指此。第六章中有之行（從死亡的中有過程）處出現的白菩提、紅菩提也是指此。

大致上本書出現的明點是錯亂明點。

◆**密與生法宮**

這是在進行內火之行時常用到的名詞，指臍下橫放四指的位置，亦即丹田。密部是單獨位置，生活宮則與中脈、輪（圓光）一樣，具有一種意象。

依六法各為——

「生法宮之形是〇・八寸（將近三公分）的立體正三角形（正三角錐）。其由頂點交合

◉密部：
臍下四指橫放之位置

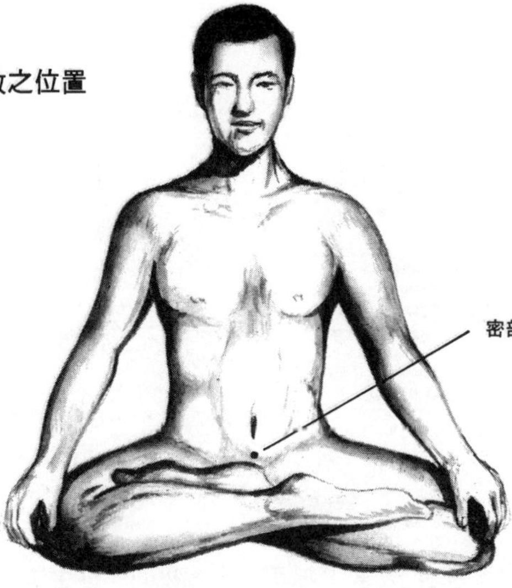

的上下二個三角形組成。上面的三角形頂點向下，下面的三角形頂點向上，與上面三角形頂點連接。」

看圖即知，立體三角形頂點交合的形狀很危險，意象這種不安定像，會出現緊張感，令人覺得不太能忍受，不是嗎？

內火發生技巧法中，也有一開始就採取這種意象法（本書不採用）。

生法宮的場是中脈、左脈、右脈交合處。女性是在母胎處，由臍帶衍生，與胎兒連接的場所。內火可說由此發生。

內火高度約二指橫寬，具有以下四相（四種特徵）。

「色如茜草汁，明亮如燃燒的麻油，感覺就像燒得赤熱的鐵一般，其動態則如捲曲的狐狸尾巴。」

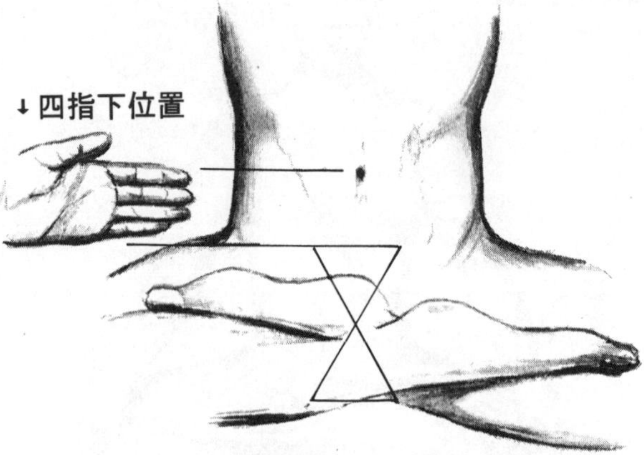

◉生法宮：場所與密部相同，但生法宮具有如下圖般立體的意象

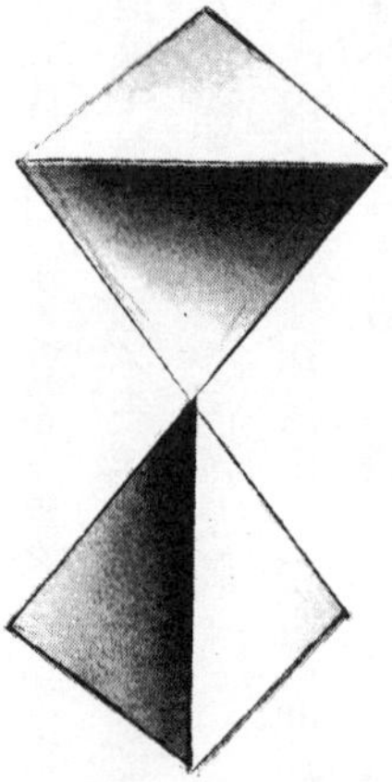

↑從旁邊（側面）看生法宮

↑從正上方看生法宮

以現代表現法如下：

「色紅如滾燙的熱湯（赤熱的鐵太誇張了），緩緩扭曲移動……」

事實上，這就是剛剛說的明點（錯亂明點）。別的文獻有更具體的敘述。

「色如鮮紅的光球，下腹之氣愈強則光芒也愈強，某種程度會使之上升至中脈，往頭頂放出，看起來就像紅色圓光一樣。如果能做到這個地步，就能夠不斷地吸收宇宙的能量。」

六法中指出，專心一意行內火之行，即可使這種光出現。

關於內火知識，了解這些就夠了，現在就進入具體行的說明。

適合選擇六竈坐法人的寶瓶呼吸法

內火之行就是使內火（熱）發生之行，因此要使用獨特的呼吸法、意象法。首先從呼吸法開始說明。

內火之行有幾種呼吸法，最具代表性的有「寶瓶氣法」，或稱為「寶瓶氣調息」，以及「三三九風箱式呼吸法」。寶瓶即如字意，即寶貝瓶。「三三九風箱式呼吸法」是非常強的呼吸動作，所以用送風箱比喻。

選擇哪一種呼吸法均可，但從六法中大致可看出其傾向。

●坐法中選擇七支坐法的人＝三三九風箱呼吸法或寶瓶氣法。

●坐法中選擇六竃坐法的人＝寶瓶氣法。

這並非絕對基準，依各人喜好挑選即可。

先從寶瓶氣法說起。

此呼吸法受各派重視，尤其是伽可派視其爲內火發生不可欠缺之法。由四項基本技巧組成，各稱為「吸」、「滿」、「消」、「矢」，不了解其意就無法進行寶瓶呼吸法，因此說明如下：

◆吸、滿、消、矢的技巧

▲吸法……「吸」就是攝取氣入體內，亦即吸氣。

吸氣從鼻子，但不是只有吸而已，還必須將吸入的氣由意識導入下腹的密（丹田）部。物理上解釋吸入的氣到達肺部，所以要導入丹田是不可能的。此時可利用意象，亦即意象氣到達下腹部的樣子。

到達下腹部後，意識從上施予壓力，這種為上氣。

接著意象身體最下部的威力（體內氣的威力）上升，從下側施壓力。這種為下氣。

在上氣與下氣挾住的場所，使氣停留，這正好像中空的瓶子，所以名之為「寶瓶」。

此外，下氣的壓力不要太強，太強會使氣下不去，導致便秘。

▲滿法……「滿」指吸入體內的氣留在原處，相當於仙道等呼吸法中的停氣或蓄氣。停

留時間依行的程序而有差異，至忍耐的極限。

要點是意象不使氣漏掉，從下腹緊緊抱住寶瓶的樣子。

▲消法、矢法（吐氣）……相當於呼吸法所說的吐氣，但西藏密教並不是漫無目的地吐氣，而是需配合獨特意象。

當停氣達界限時，氣便往體內他處或體外放散。並不是單純的吐氣，而且意象放散。特別注意不是吐，而是「意象使氣放散」。消分為內消與外消。

●內消……氣息從臍輪處進入中脈，到達心輪，意象其發射光芒的樣子，這在西藏密教稱為光明智氣（閃爍光輝智慧能量）。

●外消……引氣入體內所有的脈，然後再從所有毛孔向空中放散。當然，這一切均藉意象而行。

內消、外消同時進行。

消法之後是矢法。這並不是外消的繼續，而是更敏銳的意象。各位是不是覺得，西藏密教很重視意象?!

矢法有衝頂矢氣與自性矢氣二種。

●衝頂矢氣……外消放散的氣向頭頂如箭一般上衝，往空中放射，稱為衝頂矢氣。

●自性矢氣……氣到達鼻子，從此處咻——地放散，這稱為自性矢氣。

衝頂矢氣意象過度會產生弊害，一次只限一回，其餘皆用自性矢氣。

寶瓶呼吸法是使用「吸」、「滿」、「消」、「矢」四樣技巧。以下介紹一例。

◆寶瓶呼吸實際狀況

①排出濁氣……首先好像擠壓腹部的感覺，將舊氣吐出，重複進行三次，接著按以下順序進行呼吸法。這只有在最初進行，往後只重複吸氣→停氣→吐氣即可。

②吸氣……濁氣排出後，從鼻子吸進新鮮空氣，至密（丹田）部。使用吸法技巧。

③停氣……吸入的氣依滿法技巧停留於下腹，摒息時間愈長，呼吸法的效果愈大。

④吐氣……摒息保持上下氣力的均衡，當無法保持均衡時，亦即無法忍耐摒息時，則使用消法、矢法的技巧，從鼻子吐氣。此吸、吐爲一氣，以左鼻為主要路線、右鼻為輔助路線。

這種呼吸法很簡單，所以往往有過度使用的傾向，必須特別注意。因為使用過度會使身體出現異常。

一開始進行三十分鐘，習慣了之後則進行一～二小時。

當然，如果得到好老師的正確指導，則次數、時間都不成問題。

強烈風在體內湧起的三三九風箱式呼吸

接著談三三九風箱式呼吸法，這是比寶瓶氣法強烈的呼吸法，可期得更早發生內火。

分為如前述「寶瓶氣法」一般輕妙的「輕調風息」，以及正式的「重調風息」。

先從基礎的「呼吸四種合法」談起。

▲呼吸的技巧（呼吸四種合法）

使用三三九風箱式呼吸法，必須利用引息、滿息、均息、射息四種技巧，這相當於前述寶瓶氣法的四種技巧「吸」、「滿」、「消」、「矢」。引息為吸法、滿息為滿法、均息為消法、射息為矢法。

四種技巧每一項與寶瓶氣法相通，但細節則不相同，可以邊讀邊比較。

①引息

引息就是吸氣，這是西藏密教的基本，但並不是只有吸氣就好，必須配合獨特意象法。

首先意象身體前約八寸（手指橫放約十六隻）處，有靈妙的能量塊，不論是否有具體視覺意象均可，但必須強烈意象有能量塊。意象之後從鼻子吸收能量，當然是使用意象，要點如下：

第一，實際從鼻子呼吸空氣，藉著意象逐漸將能量拉近。

第二，意象能量之流不斷流進鼻內的樣子，從鼻子吸氣。

利用其中一種方法引息。

②滿息

引息吸入肺部的空氣，並非停留於肺部就好，必須意象其下降至肺的最下部，持續至整個肺部充滿氣的感覺。當感覺肺部充滿空氣後，即摒住氣息，這種狀態就稱為滿息。

③均息

在肺部摒息後，不久左右肺的停氣均衡會失調，這時候進行短、輕吸氣，運送均衡失調肺的不足空氣，藉均息保持左右肺的均衡狀態。

④射息

摒息到達極限後，從鼻子吐氣，一開始慢慢吐，途中稍微加速，最後則像噴射一般將剩下的氣強力吐出，這稱為射息。

但雖說是強力吐氣，但仍依後面所述之呼吸群（三種變化組合）而有強弱之差，詳情見後述。

總而言之，依以上四項技巧實際進行呼吸法。正如之前所說，呼吸法分為輕調風息、重調風息，以下逐一說明。

◆輕式三三九風箱式呼吸法（輕調風息）

這種呼吸法依強度不同分為三種呼吸群（微、輕、強），各呼吸群由初、中、終三種呼吸組成。

合計三×三等於九，所以稱為三三九（實際是3×3×3）。

▲微呼吸群（第一呼吸群）

微呼吸群極輕，安靜得連自己也聽不見聲音。進行初、中、終三次（實際上各三次，3×3等於9，故為九次）。

①初（一開始呼吸）

首先從鼻子右側吸氣，接著從左鼻吐氣。吸的時候頭從右向左轉。

當然不是只單純吸吐，吸吐之間還必須進行引息、滿息、均息、射息四種技巧。

換言之，從右側鼻子利用意象法吸氣（引息）後，停留於肺部，直到飽和（滿息）狀態。飽和之後便停止保持均衡（均息）狀態，盡可能忍耐，直到忍耐極限從左側鼻子吐氣（射息）。

右側鼻子吸氣、左側鼻子吐氣……看起來很簡單，但運用四項技巧實際上很費時間。合計進行三次（引息、滿息、均息、射息為一次）。

此外，用一側鼻子呼吸感覺很困難的人，可以用無名指與大拇指壓住另一側的鼻孔。亦即右鼻孔吸氣時，用無名指壓住左鼻孔，從左鼻孔吐氣時，以大拇指壓住右鼻孔。

最好事先反覆練習，一段時間後，不用手指幫忙也可運用自如。

②中（中間的呼吸）

這也是從左鼻孔吸氣、右鼻孔吐氣，仍然配合呼吸頭向右轉。進行三次，每一次都必須

↑無名指按住左鼻孔

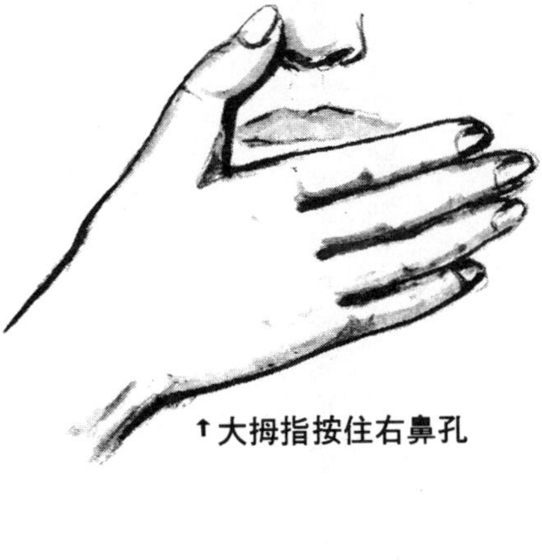

↑大拇指按住右鼻孔

◉呼吸練習法：如上圖解練習，即可簡單地分別使用左右鼻孔。

實施引息、滿息、均息、射息四項技巧。

③終（結束的呼吸）

最後從兩側鼻孔吸氣、吐氣。進行三次，每次都得實行引息、滿息、均息、射息四項技巧。

以上初、中、終呼吸都很安靜，當然，連射息都相當安靜。

▲輕呼吸群（第二呼吸群）

輕呼吸群比微呼吸群聽得見呼吸聲音，也分初、中、終三次進行。

▲強呼吸群（第三呼吸群）

強呼吸群比前二次進行度強，不但聽得見呼吸聲音，吸氣時身體還會向後振動。

總而言之，初、中、終均聽得見呼吸聲音，而且身體搖動。

以上是輕調風息，接著談重調風息。

◆重式三三九風箱式呼吸法（重調風息）

這比輕調風息用力，在內火發生呼吸法中，是最正式的。因為強烈，若與往後提到的「內火發生意象法」併用，可期待立刻發生內火。

此呼吸法是由輕調風息發展而來，只要熟練輕調風息，大概可以輕易移行至重調風息，以下就介紹重調風息的技巧：

▲呼吸次數

與輕式的場合完全相同，亦即微、輕、強各群各進行三次，合計九次（實際是3×3×3）。

▲重調風息呼吸技巧（呼吸四種合法）

引息、滿息、均息、射息四項與輕式場合相同，只是再追加重式獨自的技巧，這種獨自技巧正是輕式、重式區別重點，技巧共有五項。

①關於引息的技巧

重式的特徵有引息非常強的特點，亦即吸氣時力量比輕式時強，發出聲音也大。

②關於滿息的技巧

滿息也一樣，吸氣充滿胸部比輕式時強，以三脈為首，強力運送一切氣脈能量。

③關於滿息、均息的技巧之一

使密（丹田）部比輕式膨脹，運送大量能量使之充滿，運送能量大，容易使內火發生。

④關於滿息、均息的技巧之二

在密部停氣的時間比輕式時長，必須忍耐至極限，如此三脈可以吸收足夠能量。

⑤與射息有關的技巧

吐息時也比輕式用力，不僅體內之氣，體外之氣也可因此力而活潑。

六法中評論此呼吸為「激烈震動內外之氣」，如此用力吸吐氣，可以使氣充分混合，容易吸收。

呼吸法至此即OK，接下來就要進入形式行中心的內火發生意象法。在此之前，最好先了解一些西藏密教「氣」的概念，因為氣與呼吸法、內火能量有密切關係。

風、息與分布於體內的五種氣

西藏密教將相當於氣的東西稱為「rlung」。梵語稱為「vāyu」。日語譯為「風」或「空氣」。

漢譯六法譯爲「氣」，從意義上而言，可說最貼切。怎麼說呢？梵語、西藏語的風，並不是指物理現象的風（雖然也有一點風的意義），而是指生命能量，與中國仙道中所謂生體的氣很相似。

「風」也可以「息」、「風息」表現，這時通常是指呼吸或呼吸法，應該都不難理解。只要出現這類名詞，即可解釋為仙道或醫學所謂的「氣」。

中國仙道及醫學如此解釋氣，提供各位在理解西藏密教方面做參考。

- 先天之氣（與生俱來的氣→生命力）
- 後天之氣（出生後從外界吸收的氣）

天氣（藉由呼吸吸收的氣→呼吸的氣）

地氣（藉由食物吸收的氣→水稻的氣）

經絡氣（流於經絡的氣）

其中天氣從行法的立場而言，就是呼吸法（攝取天氣技巧）。西藏密教的風大致指此。

◆形成風中心的五氣

風，也就是氣，以下再詳細說明。依西藏密教生理學，人體有五種風，稱為五氣。

①命根氣（命氣→prāna）……五氣中最重要的部分，專司呼吸作用，與口、鼻、頭、心臟、臍等有密切關係。

②上行氣（udāna vāyu）……手腳之間關節部分。專司肌肉、皮膚的運動作用，具有上升作用。

③平行氣（samāna vāyu）……遍佈於體內各部分，專司食物消化及養分搬運。

④下行氣（apāna vāyu）……從腹部至腳的尖端。專司排泄作用、解毒作用。

⑤遍行氣（vyāna vāyu）……補助命根氣與下行氣的作用。專司營養的吸收、分解、搬運等。位於口、鼻、頭、足等部。

這五氣相當於中國醫學及仙道的經絡之氣，最接近的是三焦之氣，分布於上焦、中焦、下焦三部分。

◉五氣：分佈於人體的五種風（氣），各具備特有作用

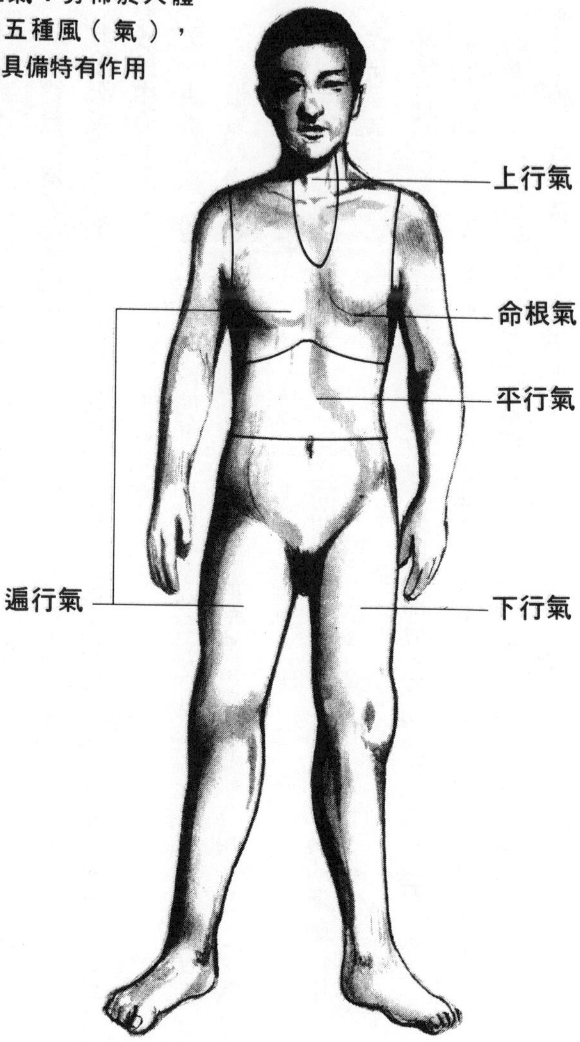

◉三焦氣：中國醫學及仙道所說的經絡之氣

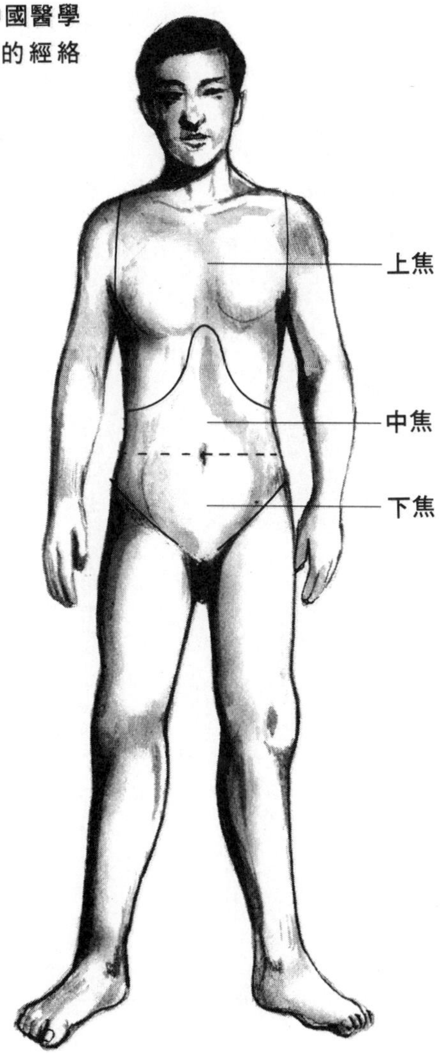

●上焦……頸至胸骨最下側。
●中焦……胸骨最下至臍處。
●下焦……臍處至腹股溝。

這三項加頭部、四肢即和五氣同樣有五種。雖然細節並非完全一致，但很相似。

總而言之，西藏密教的風均含有以上說明的概念。但特別斷然表示息、風息的場合，就不是指呼吸的氣，而是指呼吸法，綜合上述整理如下：

●風……指中國醫學、仙道的「氣」。
●息、風息……風，亦即「氣」，尤其是與呼吸有關的氣或呼吸法。
●五氣……分佈於身體特定部分的氣（氣群？）。各具有其特別作用，大概就是經絡之氣（尤其是指三焦之氣）。

氣的問題談論到此。

使內火燃燒的技巧

充分練習呼吸法後，即可配合使內火發生的意象法進行。這種意象法正是西藏密教內火之行的根幹，缺乏此項就不可能發生內火。進入意象法之後，之前各種呼吸法附屬的意象法不要也可以。

關於此行，最重要的是三脈、七輪（尤其是其中四輪與梵穴）的意象。因為內火在此場所發生、升降、強化、變質。如果位置、形含混不清的話，內火即無法通行。還沒有把握的人，可再回到前一章練習三脈、七輪意象法。已有自信的人則進入內火發生技巧。

◆內火發生、上升階段

▲在密部（丹田）意象丂（ca→發音加）字

首先在密部進行以下三種意象：

「在此場所意象丂字。」

「其字細如毛髮，字體尺寸比小指指甲還小。」

「其色為紅。」

意象不出來的人可以寫在紙上。

清楚意象這個字後，即移入下個意象。

「這個字像被風吹一樣微微震動，從那裡發出強烈的熱。彷彿繩子被風吹敲打地面時的聲音。」

意象如下，提供各位參考。

●意象如毛髮般細的ㄎ字，在煤氣火焰下呈灼熱的狀態。

●高溫燃燒的炭或石炭發出的火炎，使細小的ㄎ字飄動……如此意象。

以我個人而言，意象遇熱發紅的小錫泊（刻有ㄎ字）被火炎吹動震動的過程比較順利。這種意象依各人喜好而有差異，請自行研究。

意象灼熱的ㄎ字後，進入下一階段。

▲內火發生的基本呼吸法

①**吸氣送至ㄎ字**……使用吸法技巧吸氣，將氣送至左右脈的下方，使氣集中在中脈最下部。在此一直追加送氣。

一直持續至膨脹，不久，氣即與在密部的ㄎ字接觸，字接受到強烈氣威力，即變為鮮紅色。

②**滿息與均息的實行**……接著利用滿息與均息，使氣息停止，此時意識留在這裡。

③**吐氣及排出藍色能量**……一直吐氣到最後，但並不是只從鼻子吐氣，而是意象從中脈排出藍色（黑色亦可）的濁氣，透過鼻子排出。

①～③是行全體共通的呼吸法技巧，熟練之後再進入下一個意象。

▲藉由呼吸法及意象使內火發生

①火炎的發生……再度吸氣，氣送至密部、停止。方法與先前的呼吸法①相同。接著進行下一個意象。

「接受此威力，紅ཨ字愈來愈鮮明，並發射出如手指般長而銳利的火炎。」

「此火炎使中脈四項特徵直（銳）、明（輝）、紅、空（無實體）具現。」

「此火炎呈旋轉貌。」

②使火上升至臍輪……接著進行下一個意象。

「每次吸氣，火炎就變成半指（約一公分）大小。」

「八息後到達臍輪。」

大概反覆八次呼吸法後，火炎的高度就會到達臍輪。

但並不是初學者進行幾次機械化練習，就可以達到此目的，而是希望你一直練習到能用八次呼吸，使火炎到達臍輪的程度。

③熱往周邊擴散

「十息之後，此火（熱比較貼切）從臍輪擴散到各脈。」

這也是練習目標數。

④熱往全身擴散

「再十息之後，火向下擴大，連腳趾也發熱。」

在此值得注意的是，行結束後，腳溫一定得實際溫熱，如果行前與行後身體沒有變化，那就是意象粗糙，視為失敗。必須一直練習至下半身發生的熱感，真正達到腳末端為止。

⑤內火往心輪上升

「再十息之後，此火向上到達心輪，上半身充滿溫熱。」

⑥內火上升至喉輪

「再十息之後，此火到達喉輪，周圍充滿熱。」

⑦內火上升至頂輪

「再十息後，此火到達頂輪。」

內火到達頂輪，同時「進入瞑想狀態」。

上達頭頂的火變為清涼的月液

◆變化成月液及下降階段

內火上升至頭頂後，接下來就是「神牛下聖乳」階段。神牛是ཧཱུྃ（hum）字的隱語。

ཙ（ca）字表陰、ཧཱུྃ（hum）字表陽。

hum字

「神牛下聖乳」是陰（ca）、陽（hum）合體使聖乳發生……這是什麼意思呢？

聖乳實際上是指到達頂輪的火，接受此場所（ཧཱུྃ字）的作用，變化成清涼甘露液體的狀態。亦即內火變質為此。此液稱為「聖乳」或「月液」。具體則如下意象。

▲在頭頂意象ཧཱུྃ字

在頭頂的頂輪進行以下意象。

「頂輪四葉蓮中有ཧཱུྃ字。」

「色白，使清涼甘露的水滴滴下。」

首先意象西藏文字ཧཱུྃ，大小與ཧ字同。

事實上，和意象的感覺相反，不是燃燒的火，而是如流於川谷間的清涼水。

如下意象感覺更自然。

●因為是水的清涼與白色之意象，所以用滑溜、冷的牛乳為意象，使用優格（液狀物）表現亦可。但在冰箱的牛乳太冷了，最好是裝在瓶中的牛乳長時間放在川谷水中的意象。

接著，使𑖮𑖽字與冰冷的牛乳清涼感意象重疊。此階段意象如下。

▲意象月液下降至中脈

①發生於頂輪的月液

「首先意象在頂輪有𑖮𑖽字。」

「此字被火熱融解成液體狀。」

這和上升的火完全不同，而是清涼的感覺。可以意象是冷牛奶或優格，這種感覺的液體從頭頂往下的樣子。

②月液下降至喉輪

「十息之後，月液下降至喉輪，此部位充滿清涼的感覺。」

利用呼吸法使這種清涼液體狀之物下降至喉輪，大概在十次呼吸之後下降。當然，這得在內火上升熟練之後進行……。

③月液往心輪下降

「再十息之後，月液下降至心輪，此部位充滿清涼感覺。」

④月液往臍輪下降

「再十息之後，月液下降至臍輪，此部位充滿清涼的感覺。」

⑤月液往全身下降

「再十息之後，月液擴散至全身，連手腳末端都充滿清涼的感覺。」

下降至臍輪的月液，最後擴散至包含四肢在內的全身，結束意象。以上合計一〇八次，這是佛教中最常使用的數。

▲內火（內火上升與月液下降）意象法進行次數。

六法記載如下：

「剛開始實行的人，一天進行六次。」

習慣呼吸的緩慢節奏之後（含意象時間），可以稍微減少次數。

「進行呼吸法的時間長者，可以減至一天四次，約三十天後，一息（一次呼吸）的時間約為最初時的一・五倍左右。」

另外，在一定期間內，最好施行修行三昧的生活。

「每天除了飲食、睡覺以外，其餘時間都處於瞑想狀態。」

關於這一點，因每個人各有各的事，所以並非絕對必須實施，儘量能在短期間內集中意識進行，確實可以達到效果。

▲進行內火之行時的注意點（閉關與開意的技巧）

內火之行中，為了防止氣漏，必須仔細關閉各部位，否則，好不容易集中的能量就散掉了。另外，意識緊張也會妨礙氣的發生，醉心於行的人，很容易忽略此點，必須特別小心。

元代『大乘要道密集』中敍述此注意點。

①遮身九門

「緊閉兩目、兩耳、兩鼻孔、口、尿道、肛門，使風息無法出入。」

風息的出入亦即氣的出入，也就是氣漏。如果忽略就會造成氣漏，所以，必須實際或利用意識使這些部分緊密關閉。

②閉語四門

「喉中沒有地息、火息、水息、風息出入。」

這好像很難懂，喉中的地息、水息、火息、風息究竟是什麼?請看以下敍述。這是出現在各六法及註釋書中的記述。

「緊閉口中四器官（喉、舌、唇、顎），藉此排除外界的刺激。」

換句話說，地息、水息、火息、風息就是指喉、舌、唇、顎。明明是很簡單的東西，卻偏偏要說得這麼困難，佛教還真是麻煩。總而言之，就是注意這些部位「不可處於不關閉的狀態」。具體而言如下：

●喉（地息）……這最難懂，其實就是使喉部肌肉不要動、放鬆之意。

●舌（水息）……舌頂住上顎。

●唇（火息）……唇輕閉。

●顎（風息）……顎輕拉。

大致上就是如此。

③開意二門

「不要讓意識緊張、不要皺眉頭。」

六法、註釋書記述如下：

「打開心的二樣作用（意志與記憶），發揮出偉大的智慧。」

這應該不用說明了吧！心的作用當中，尤其是意志及記憶必須專注努力，不可散漫。

解除兩眉之間的緊張是瞑想訓練的重點，此處緊張、用力，則絕無法放鬆，即使進行行，也會不斷浮現空想、妄想，破解瞑想狀態。

試著在行的最中注意自己的眉間，大部分人會縮緊此集中意識。

因此，因下意識放鬆此處後，再進行意識的集中。要訣是意識在兩眉附近「向上拉」、「向外側拉」，如此即可消除緊張狀態、進行瞑想。

實踐內火之行使各種狀態出現

進行內火之行會在過程中出現各種狀態，六法稱此為「內火的體驗」。內火的體驗是行的過程之一，六法中有詳細記敘。

六道輪迴圖。六道表示輪迴轉生的六種境涯，即地獄、餓鬼、畜生、阿修羅、人間、天等六界。藉著了悟而遠離此輪迴之苦，是密教最終目的。

▲第一期……指內火上升、下降完成時期。此時期有以下二兆候。

「內火發生、上升時，一切輪（圓光）均會暫時擴大。」

「這個火的變化成月液時，各輪都有某種清楚的感覺。」

這是什麼感覺呢？六法說明如下：

「像疼痛般的感覺，也像性交時帶有痲痺感的微痛感覺。」

「有時有痛感，有時感到溫溫的。」

雖說是微痛，但並不是真正不舒服的意思，而是像性交時的附帶快感（插入感、痲痺、射精感、高潮感等），如此想像即可。

除此之外，高揚感、溫感、通電感等各種感覺，也會在內火之行階段感受。

反過來說，進行此行時，若身體沒有任何感覺的人，就只是空想的無效果「行」，一般多為能量不足的人，或意志散漫不集中的人。平常喜歡空想、妄想的人容易如此，應特別注意。

在此階段，在眼前可見六道輪迴的各種意象，但這可能只限於具有意識這種世界的西藏人。對於宗教背景非常淡薄的現代人而言，可能是別種意象，究竟是什麼呢？因人而異。

學習西藏密教的人，最好具備這種原本宗教素養，當然，日本既存佛教亦可。

這種第一階段，稱為痛經驗期或暖經驗期。

▲第二期……此期特徵如下：

「第一期之後，各輪收縮一次，然後上升的內火威力逐漸變化，使月液產生。」

「隨著月液不斷產生，滋潤體內、其性質成熟。長久持續，最後出現無可取代的至福境地。」

以上是內火體驗的第二期特徵，只要看見即知月液占有相當的比重，也就是月液增加至變化時期……。換言之，就是內火成熟期。

出現時期因人而異，不可一概而論。有人在第一期終了後立刻進入第二期狀態，也有人連第一期都不太走得出來。因老師優劣、個人素質，亦即體質或意識集中度而有差異，意象力豐富與否也是關鍵。

但不要灰心，只要耐心持續內火意象法，一定可以進入此階段。

▲第三期……第二期持續進行後，心靈運作會呈停止狀態，妄想、空想等完全消滅，心靈為靜寂的狀態。這稱為三摩地（samādhi）的境地。

進入此境地則為瞑想狀態，即使閉上眼睛也可看見光般之物。六法記述如下：

「在瞑想中看見如煙霧般的東西，海市蜃樓般的景象，或者太陽光、暈眩光、燈光、放晴天空等各種意象都會出現。」

另外據說也有如下五種光的狀態。

「爆發時的火花……這是黃色。月光……這是白色。太陽光……這是紅色。土星之光……這是藍色。閃電……這是淡紅色。這些光看起來呈鮮明的圓形，有時擴大至包圍行者周圍。」

第三期的特徵是陸續看見這種內在光的意象。

六法中提到此階段應注意事項，首先是不可隨隨便便看待這種光。再者，明明看不見，卻拚命想看見，這種情況最不好。不論你產生何種心態，都會將好不容易才到達的心打破。

那該怎麼辦呢？不要輕忽，也不要過度在意，應虛心坦蕩地面對。

進行內火之行的人達到得月液階段後，如果有疾病即可一一治癒。而且因人而異，可以到五通（天眼通、天耳通、他心通、神境通、宿命通）的超人能力。

利用內火意象威力使水蒸發的超人喇嘛

強力呼吸法及意象法是內火之行的特徵，藉此可使意識、肉體產生相當程度的變化。到底是什麼程度呢？以下就介紹西藏密教修行者的例子。

「西藏喇嘛實踐此方法後，會使四周的雪融化。在嚴寒冬季穿著濕濡的衣服也不感覺冷，而且還有辦法使衣服逐漸變乾。」

這是記載於尼馬六法中，內火之行完成狀態的一節。還有記載於其他六法註譯書上的實例。

「歷史上有不少內火之行的成就者。他們只穿一件衣服，或完全赤裸過寒冬。修行者進行此種行的時候，可以使房屋十公尺以內的雪融化。」

雖然難以置信，但卻是真實記述。現代西藏也有幾件事例報告。

以下是發生於四川省自貢市的記事。

——德格縣的西藏佛教伽可派聖地八邦寺……

黨的宗教政策結實的結果，得知世人本沒有知道機會的秘行「房中世」至今尙存。

一九八四年，在八邦寺稱為竹空的修行坊中修行的四十名修行僧，其行的實體被公開。他們在三年三月三日當中，幾乎完全與世隔絕，只在寺內個人專用修行房內，努力進行。

在這期間，能與他們接觸的只有老師和廚師而已。老師向他們傳授伽可派的秘傳，亦即六要旨（六法），從內火之行至遷識。藉著此行使其發生內氣、體中發熱，以至於體外離脫之行，最後達心靈寂滅的解脫境地。

此修行完成之後，爲了確認修行僧們是否有成就，必須進行試驗。

試驗日期是西藏曆的一月十四日，也就是此高原最寒冷的下雪日。

這天一早，完成三年三月三日修行的僧侶們，披著一件薄法衣走出寺的山門，先繞寺外一周，之後各人坐於雪上進入內火之行。

在周圍觀賞的人則手提水桶，往坐在雪上的僧侶們潑水。

在這麼嚴寒的冬天，只披一件薄衫，又被冷水淋濕，修行不佳的僧侶會冷得直發抖，受不了的便起身離去。但有成就的修行者，則若無其事地靜坐，不久，濕濡的衣服都乾了。此儀式約持續十五天，最後在盛大的法事中結束。之後，修行成就的僧侶取得為僧侶的資格，再度回到僧院的內部——。

另一個是在西藏自治區內，關於黑教（西藏古來的宗教，現在成為密教的一派）內火之行修行者的報告例。

——黑教之行非常神秘。經過此派長期修行的人，選在西藏曆正月最寒冷的時期早晨，裸露上半身靜坐於家中屋頂。接著，家僕拿一件濕濡的衣服上屋頂，將衣服披在行者身上，不久之後，這件濕衣服便乾了。因為天氣嚴寒，有時衣服會凍結，但道行深的修行者可以在短時間內使七件衣服乾燥。

嚴冬在標高四千公尺的西藏高原，裸身於雪中靜坐，有凍死的可能，更何況披著一件濕冷的衣服，但修行者不但耐寒，更使濕衣服變乾，由此可見內火意象是多麼地強烈。

雖然舉此例，但並非藉由意象訓練就可以使體溫異常上升，這還得視個人特異體質的水準而定。

其實不僅這種程度而已，內火之行本來就像謎一樣，因為有喇嘛竟然可以使裝在桶子內的冷水變成熱水或蒸發。

這是從第一章中提到伽馬帕處所聽到的故事。

——有一天，伽馬帕的師父告訴他要進行行，師父要他提一桶水來，於是少年的伽馬帕到井邊汲水，並將水挑至師父處。

師父要他將水「放在離自己一公尺處」。

準備完成後，師父閉眼進入行。手結印、口中唸著真言。

五分鐘、十分鐘，伽馬帕就在一旁看，看著水面出現煙霧，一開始以為是眼睛錯覺，但隨著時間一秒秒溜逝，他清清楚楚見到熱蒸氣，水面也出現波紋。

十五分鐘、二十鐘，熱氣已瀰漫整個房間，水滾起來了，伽馬帕無聲地看著這種奇妙景象，最後桶子裡的水全部蒸發掉了。

根據師父說法，這是因為在閉眼靜坐中，心中意象烈火燃燒之故。

「當然，實際上並沒看見火。」

伽馬帕最後加上這一句。

由此可知，內火之行並不只是單純使體溫上升的心理現象而已，還具有實際引起物理的熱現象的客觀威力。

本章綜合如下：

——歷史上有不少內火之行成就者，他們只穿一件衣服或裸露上身過嚴冬。修行者實施

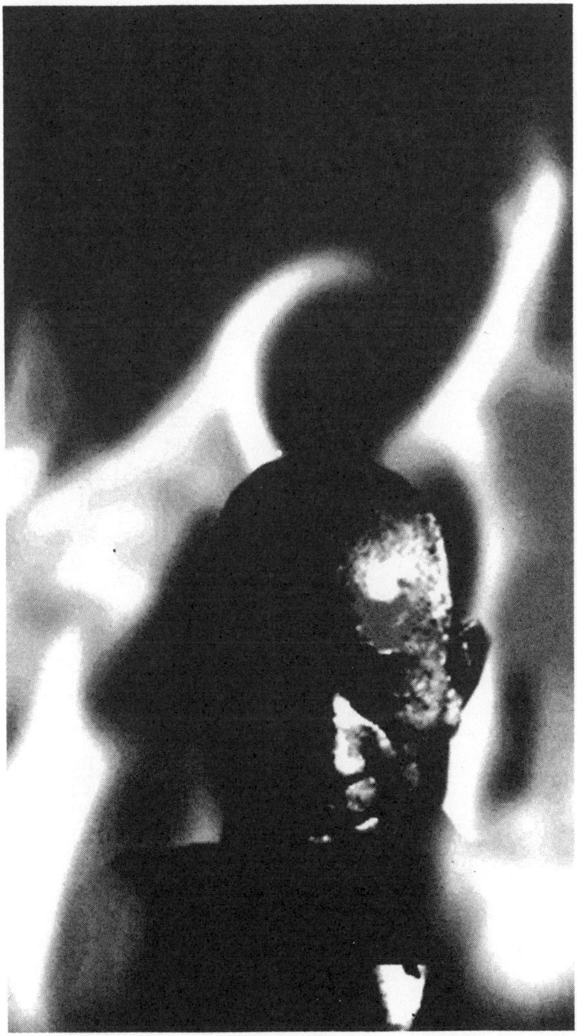

此行時，可以使房屋十公尺內的雪融化。

更誇張的是，從手指可以發火點燃衣服、木材、使水變熱——。

總而言之，這種威力在內火之行精通者而言。沒什麼大不了的。

各位知道內火之行是什麼樣的東西了吧！希望你不斷練習至得到客觀體驗為止。不必使桶內冷水沸騰，但希望至少能在寒冬中控制體溫。

此行結束後，進入六法之行中，更謎樣的幻身之行。

第四章

奇怪實體出現的幻身修行

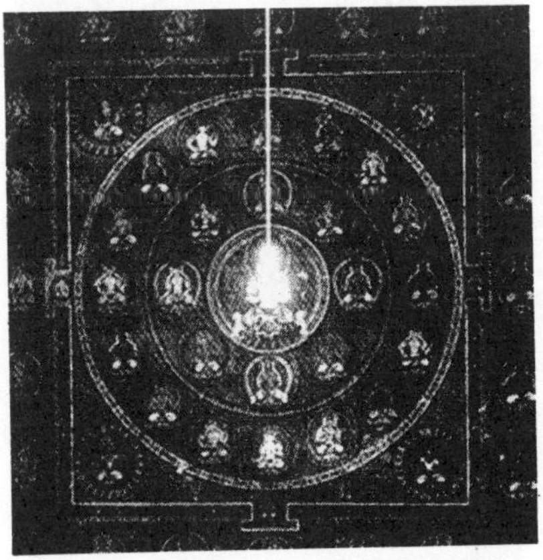

習得我身、世界均為幻的行

西藏密教中最謎幻的部分，就是以下要介紹的幻身之行。什麼是幻身？有人解釋成像夢幻的自身即是幻身。有些人在行的過程中，聲稱實際上有稱幻身之物出現。

到底是怎麼一回事呢？本章隨著幻身之行的介紹，即可追求其正體。幻身之行各派有別，以伽可派六法而言，分為以下三階段：

①濁幻身的意象階段

這正確稱為「不清淨之幻色身」的修持階段。具體而言指的是什麼呢？亦即普通「凡人身、口、意三項如幻與觀想（意象）」階段。身、口、意是指人的身體、語言、意識之佛教用語，也是人行動的根本。

幻身之行，首先得從領悟構成我的身、口、意三要素（事實上就是我本身），就是幻（非實體）的領悟開始。一般在和下一階段的幻身（淨幻身）區別時，稱此為濁幻身（不淨的幻身）。

②淨幻身意象階段

正式稱為「清淨之幻色身」的修持階段。這是指什麼呢？就是觀想自己本尊（依本尊法選擇的本尊），「本尊尊身如幻」階段。可說比觀想我輩凡人為幻身階段還上一層。為了與前階段的幻身區別，稱此為淨幻身（清淨的幻身）。

③三摩地幻身的意象階段

幻身之行的最終階段，是幻身三摩地階段。正式稱為「入光明道後所成之幻本尊身」的修持階段。一開始如謎題般令人不解，後段再加上圓光，就更令人搞不清楚了。我盡力搜尋簡易了解法，找出以下表現。

「幻身如修持三摩地階段」

這也不太好懂，但經解釋後即可一目了然。三摩地是梵語samadhi的音譯。日本佛教稱為三昧或三昧境，引申自梵語辭典是「深入瞑想境地」之意。另外，從佛教辭典來看，三昧是「定，即心定的境地」。

總而言之，幻身（當然是淨幻身）是三摩地（深入瞑想）的境地之一……。

請各位先記住以上幻身之行三階段。

使用鏡子的初步幻身修法

此處從幻身之行三階段中的最初階段，濁幻身或不清淨的幻身意象階段開始說明。如前所述，凡夫俗子，亦即我輩凡人的「身、口、意」，實際上只不過是幻而已，從自覺此開始。

身、口、意各有其行，一一加以說明，首先從意象身如幻之行開始。

◆使用鏡子意象法

不知為什麼？每一派別都無例外地使用鏡子。伽可派、尼馬派，甚至奇爾派都一樣。不管你喜不喜歡，每一派都利用鏡子，所以當然不能省。

什麼形狀的鏡子最好呢？每一派都沒有特別指定，但依常識思考，一般女性化妝使用的化妝鏡，或流行感濃厚的鏡子感覺都不好。儘量簡單最好。

關於形狀雖沒有詳細說明，但關於大小都有如下記述。

「修行者在自己眼前適當場所放一面大鏡子，仔細觀察映在鏡中的自己。」

「大鏡子」、「映在鏡中的自己」，都顯示出要求相當大的鏡子。所以，你最好準備一面可以清楚看見全身的鏡子。以下說明實際的行：

◆意象「身」如幻的行

六法幻身之行記述如下。

①**我身映鏡中**……幻身之行從我身映在鏡中開始，必須望著鏡中的自己。

「修行者在自己眼前適當場所放置鏡子，仔細觀察映在鏡中的自己，望著鏡中自己之姿（這稱為幻身），意象世上各種事情纏繞。

②**了解鏡中自己是幻身**……光是望著自己不修行，其姿才是我肉體之幻（幻身）。

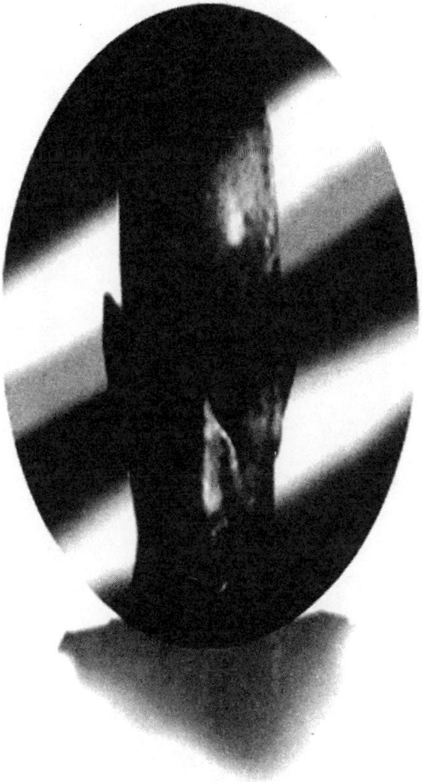

「我的肉體及鏡中的幻身，原本是同一物，無法分辨。」

③**看破纏繞的幻身**……意象此幻身是黏貼於此世之物。黏貼什麼呢？

「例如名譽、榮華、虛榮、諂媚等等。這些使自己欣喜、快樂；失去重要東西則失意；被他人妒嫉產生苦惱。想起傷及各種汚名之姿。」

本節不特別說明。只要了解自己被愛、惡所纏繞的狀態，就是映在鏡中的影子（幻身），也就是自已。

④**自私、固執的自覺**……自覺這些後，

「藉此修行者了解自己的幻身（映在鏡中的虛像）、色身（現實的肉體）所造成的我（自己→自私）及我執（固執）。」

⑤**見者即被見者**……六法最後意義深長地說道：

「觀察鏡中自己的行為，就象徵他人觀察自己，也適用於自己觀察他人。」

幻身之行第一階段就是進行以上意象訓練。

◆利用幻喻法的意象法

為了比使用鏡子的意象法更強固，最好併用比喻法或幻喻法。

比喻法是想起各種幻意象，確認幻身意象的訓練。別名十六幻喻，也有十幻喻、十二幻喻。

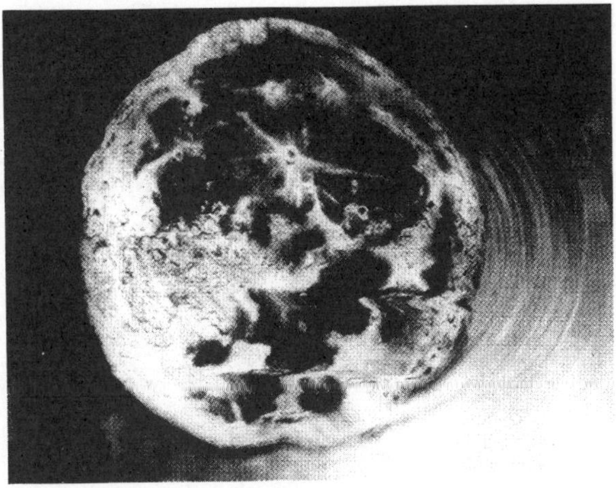

根據我的調查，十幻喻前後最大衆化，提及十六幻喻的書很少。

以下介紹的是記載於阿闍梨密林著『密教通關』一書中的十幻喻之例。同書寫十緣生觀，就是指十幻喻，茲述如下：

①幻……幻術，就是現在的魔術。

②炎……大熱天，地上出現搖動的透明空氣。

③夢……睡眠中看見之物。

④影……映在鏡中的自己影子。

⑤乾闥婆之城……海市蜃樓。乾闥婆是印度神話中出現的鬼人，佛教視其為守護神之一，一般認為他使海市蜃樓出現。

⑥回聲……向山谷發出聲音的回音。

⑦水月……映在水面的月影。

⑧泡……現於水中，立即消失的實體。

⑨妄想……想像看見實際上沒看見的東西。

⑩火輪……手持火種使其旋轉時，看見旋轉火的意象。

也有更詳細說明的書，例如尼馬六法的「幻身法八喻」。這些不必解說也可使用幻喻法意象技巧。

①幻……例如，幻術師對石頭、樹木唸咒語，使其變成馬、象或車。這些都可確實用肉眼看見，但一切都不是現實之物。

②夢……在夢中，一切情景都可清楚看見，但從夢中醒來後，才發覺一切都不是實體。

③回聲……例如，在山谷、洞窟中發聲，會得到好像有人回答的聲音。但這聲音並非由誰所發出。

④鏡的虛像……在鏡前不要放任何物品，只映出自己的身影，這全是相同影像。但這二個影像只是因緣而在現在存在，而不是藉自己之力出現於世界。

這就像使用鏡子的幻身術。

⑤露……夏天早晨出現於草地上的露水，在太陽出現後即消失。

⑥泡……產生於水面的泡沫突然出現，一剎那間又消失，就像人的想念出現、消失的狀態。一切事物均不停轉變不停留。

⑦陽炎……夏季上升於原野的太陽光，像火炎般搖曳如水波，但這不是水，只是幻像。

⑧虹……出現於空中的彩虹，有七種美麗顏色。但七色彩虹並非實體。

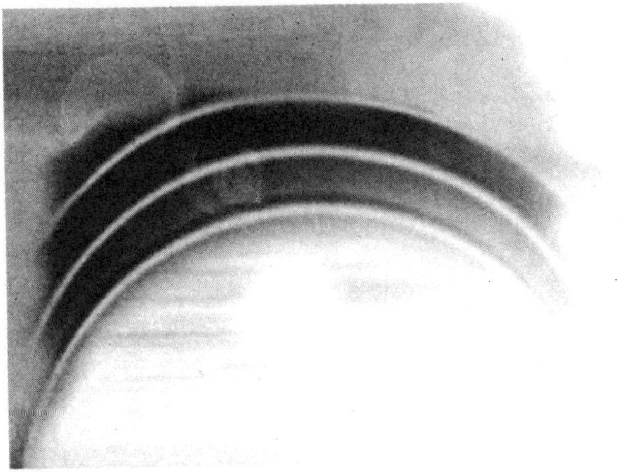

心中意象以上情景，領悟這個世界的各種現象並非實體，習慣了之後，便意象人生之無常。

「想起妻子、親人、友人、財產、地位就像這些東西、此身也終將老去，最後呼吸停止、此身消失。」

幻喻法在使用鏡前或後實行均可，因人而異，不可一概而論。一般多於鏡的行前實行。

言詞與心的幻身修法技巧

◆意象人所發出的言詞是幻

「凡夫之身如幻」的行結束後，接著進行「凡夫之言如幻」的意象。相對於「身如幻」是與人的視覺有關，「言如幻」則與聽覺有關。只不過是對象從視覺變成聽覺而已。

關於此，尼馬六法敍述如下：

「關於幻身法之行，必須意象回音，回音如果沒有產生的原因就不會發生，其實本來就不是實體。人發出的言詞，不，一切聲音都一樣，均由何種原因而產生，沒有任何差異。」

事實上這段文章已經譯成白話文，原文為「谷響由因緣會合形成。即響、即空、元無自生。」

此種表現就這麼寫出來，必須說明難解的佛教用語，一切都有解說的必要，因此，我將一切以現代用語表現，也許會因缺乏嚴肅性，而受到堅持密教者的不滿，但這都是為了大衆讀者，請見諒。

再往下談。

「在空無一人的山谷中大叫、高歌，聽聽其回聲，聽聽自己發出的聲音，你是不是因被稱讚而快樂？然後你再聽聽罵自己的回聲，是不是會感到心中不快？這是你不理解這種缺乏實體的幻之存在之故。」

當你獨自一人在深山幽谷叫喊、唱歌時，不用說，一定會感到空虛。

首先，請你自覺聲音是無實體之物，聲音究竟是什麼呢？是我們的心賦予的意義，如果將其省略，就只是毫無實體的物理現象而已……六法如此說明。

如果要詳述，我們的所發出的言詞也可以成為美妙的音樂，必須自覺一切均為無實體之物。

綜合此行……。

①獨自在深谷說話或唱歌。如果無此機會的人，可於深夜在大樓谷間實行。意象豐富的人，即使不實際至山谷，靠著瞑想也可辦到……。

②你想想言詞或歌曲有什麼意義?實際上只是聲音的排列，單純空氣的振動而已，這種意象法對被科學侵入的現代人而言，反而容易。總而言之，因為有音源，所以隨便發音即可……如此意象。

③我們凡人不論言詞、不論音樂，周邊的一切都只是人心所製造出來的幻影而已……如此意象。

至此，「凡夫之言如幻」的意象法結束。接下來進入「凡夫之心如幻」的意象法。

◆意象人心如幻之行

此意象行也使用尼馬六法中所用的技巧。此行以陽炎為意象對象。

①意象陽炎

「意象陽炎。陽炎立起就有如真的水出現一樣，但絕對不可以用手觸摸。自己的心也像這種情景，一切思考、分別、執著等清楚出現，但也不可以用手摸。」

此節並不特別困難，疑惑的是，這真的是陽炎的意象嗎?原文中寫「陽炎如水」，但依經驗得知，陽炎「如搖晃的水蒸氣」更貼切。為什麼他們會以水來表現陽炎的意象呢?

也許說是陽炎，但實際上是指「海市蜃樓」般的現象。

海市蜃樓是什麼現象？就是遠看有水，走近時又移到遠方的現象，為什麼這種現象稱為陽炎呢？當然尚未確認，什麼也說不出。

雖有些偏離，但卻有符合意義的可能性，以下提出我自己的看法供各位參考。

②想念如陽炎

「湧上心頭的想念，一瞬間就不知流向何處去了。出現又消失、消失又出現。就好像陽炎一般，絕不可執著於這種缺乏實體之物。第七識是執、第八識是生我，這也一樣，以心如幻的意象法應付。」

第七識、第八識都是佛教唯識派（日本則為奈良的法相宗）所說的概念。第七識是從外界得來的感覺（五感）或意識（表層意識）進入自己心中（潛在意識）時的濾光鏡。第八識是記憶裝置（超越生死的記憶）。

③一切由心創造……實行此行時的重點為何？尼馬六法記述如下：

「進行心如幻意象法的場合，最重要的是超越、看透此肉體、世界是由心而生之物。」

這是一種唯心論的思想，形成幻身之行（尤其是尼馬派）的中心。

④平等觀的發現……此行施行到最後，會變成怎麼樣呢？

「真摯進行以上之行到最後，得到想要之物、得不到想要物，受人褒獎、受人責難，痛苦、快樂，這些都沒什麼不同。」

⑤修行環境的變更……最後提出變更修行環境的忠告。「此行最初在靜寂場所進行，接著選喧嘩的場所再進行，直到任何場所感覺均相同，都能實踐為止。」

達到這種地步之後，就可以進入以下階段，亦即淨幻身意象階段。

意象清淨幻身的階段

此階段如前所述，觀想自己的本尊，意象「如幻」的階段。

六法（伽可派）將此分為二類。

一是，「觀想（意象）的幻身」，正式稱為「觀想所成之清淨幻色身」。另一稱為「成就的幻身」，正式稱為「圓滿所成之清淨幻色身」。

第一種是一開始實行意象法時出現的幻身，第二種是其結果出現的幻身。其實體如何？在行當中提及比較容易懂，此處不說明。

首先從「觀想（意象）的幻身」開始說明。

◆意象佛映於鏡中之行

①映本尊於鏡……準備鏡了映佛身。

這是依派別或行者不同，而看出在道具上的工夫。六法記述如下：

「將鑄造或描繪的金剛薩濛（薩埵），亦或其他本尊之像放在適當位置，使之映於鏡中。」

尼馬六法還表示：

「請繪畫高手在鏡子表面，用美麗的顏料描畫本尊、金剛薩埵之姿。」

任何方法均可，依喜好選擇。

②**映本尊於心的意象**……選好方法後進行意象法。技巧如下。

「看著映在鏡中的本尊，並在心中刻畫其意象，使意象鮮明，記住本尊細微部分。接著只看著鏡子，重複這種意象，不久不論有沒有映像，本尊會出現鏡中。」

③**本尊出現意象**……完成後進行以下意象法。

「意象本尊在自己與鏡子之間出現。」

這是在鏡中映本尊之像的場合，直接在鏡面描繪本尊的場合如下：

「仔細觀察，此像如果沒有鏡，就不會出現，熟練之後準備一面沒有描繪任何像的鏡子，在鏡中出現自己的本尊。」

總而言之，一直練習至在空無一物的鏡中，利用意象使本尊出現。

④**與本尊合一**……意象進展至此後，以下進入與本尊合一法。

中央有描繪金剛薩埵之尊像的曼陀羅。進展至「觀想幻身」階段之行，就會敎你意象此金剛薩埵當成本尊。

「熟練以上意象法後，便使自己與本尊一體化，意象我身即本尊、本尊即我身……」為了使此意象成功，提供以下技巧供參考。

「看鏡子的自己（鏡外的自己）、鏡中的自己、出現於鏡中的本尊，這三項均為幻身，一點差別也沒有。自覺這三項本來就是一項。」

⑤與所有物一體化……意象使自己與本尊（鏡的幻身）一體化之後，進一步意象與所有物體一體化。

「接著使本尊和自己以外的所有人一一呈現一體化。到此階段，行者就會理解這個世界的一切均是本尊作用的結果。」

這是透過行而了解宇宙的狀態。西藏密教認為所有人都是本尊的表現，所有現象均由此產生。

依照此狀態為幻身的意象法，稱為「佛父、佛母顯現的境地」。完成後進入下一階段。

◆在虛空出現的本尊之行

這是前述的「成就幻身」階段，亦即「圓滿所成之清淨幻色身」階段。進行以下介紹之行後，就會了解「成就幻身」是何物。

①集中意識於虛空

「不可以回想過去、不可以思考未來，當然也不可觸及現在的一切。只是一心不亂地將意識貫注於眼前的虛空。」

這階段不使用鏡子，只集中意識於虛空。

具體而言，閉眼瞑想注視眼皮內部即可。太亮會使光線進入眼皮內，儘量在黑暗房間實行。

②內火之行與幻身之行結合

「藉著意識的集中，不久內火能量就會安住在中脈，同時一切雜念、妄想也會消失，進入寂靜心的狀態。」

到了這個地步，先前內火之行的效果會與幻身之行結合。當然，沒實行內火之行的人，也不可能期待這種結果。

③光明的出現……繼續集中意識於虛空，最後內火能量威力結果，就會見到各種意象。

「進入此境地，就會出現煙霧般的東西，或出現五種閃亮光。」

煙霧般的東西，照六法書說法是「煙、霧、海市蜃樓、陽炎、日出微光、晴天的藍空般的顏色。」

五種閃亮光是指「爆發時的火柱、月光、太陽光、土星光、閃電」。

還記得嗎?實際上就是前述「內火體驗」（第三期）中所出現的各種意象。總而言之，就是各種內在光出現的狀態。幻身之行也和內火之行一樣，隨著行的進行會出現這種現象。

④本尊（淨幻身）的出現……至此，尤其熱心於行的人，可以見到佛像。

「特別優秀的人，看得見本尊在萬里無雲的晴空中，就像月映在水面一般，或本尊出現在鏡中，顯示三十二相、八十隨相。」

此階段看鏡子，會看見鏡中出現本尊，並有各種表情、動作。另外，進行意象的人看鏡子時，本尊會咻—地出現。

但六法提醒諸像不可取。為什麼呢？因為「諸諸現象如夢如幻、變化無常」，一切均為我的幻身。

普通宗教看見此現象，就會鼓騷這是超能力，但西藏密教嚴戒此事。只能心領。達成此階段後，便進入最終階段「幻身三摩地的意象階段」。

幻身是進入三摩地境地的階段

◆幻身三摩地意象法

此階段技巧六法記述如下：

①平等的自覺……首先，一切存在均為幻，必須認清一切均無不同並意象。

「一切現象，即使佛、真理也都是幻的存在，這都只是不斷變化的現象而已。欲界、色界、無色界、三界一切本來均為一物，毫無區別。」

換言之，凡夫的我、鳴吠的鄰家狗、莊嚴的佛、腐蝕的妄想、世界真理等等，一切均為虛構，只不過是幻的存在而已。

②無明的喝破……接著理解包含幻身的幻像（一切現象），實際上是由佛教的無明（Māyā）所產生之物。

無明就是指登場於我輩凡夫眼前一切現象。因為是一切現象，所以也包含我們日常所見之物、所想之事。自己認為正確之事，也只不過是無明而已。佛教說我們的無知產生無明。

為什麼會產生這種現象呢？古代賢人們有各種說法。

有人認為，無明是宇宙能量創造出來的。有人認為宇宙生成時產生的大幻（希巴神的幻像）就是無明。還有人認為，因為人遠離宇宙本質，所以所見均為自己的心製造出來的幻影。

各個解說非常長，在此割愛，但其共通原則為，宇宙自體表現的各種現象就是無明。

③引導心往三摩地

「行者控制心，使心常住三摩地的境地，找尋潛藏在一切現象根本的本質真理。」

切斷無明只能到達深的意識境地，因此以三摩地之境為目標。

關於三摩地的細微技巧，必須參照止法觀，因版面有限，不在此詳述，請各位參考拙著『實踐西藏密教入門』一書。

④止水明鏡的出現……實行以上諸技巧……。

「如此置心於三摩地之境，保持絕對靜的狀態，就會出現鏡中不映一物的光輝境地。」

⑤幻身安住於三摩地境地……到達此地步，幻身自然安住於三摩地之境。為什麼呢？瞑想中的我身是幻身，這就達到三摩地的狀態，二者融合無區別。

此階段為濁幻身的意象階段、淨幻身的意象階段一一確實實行後，再精通實現三摩地之境，自然能達到此階段，技巧很簡單。

可以說只有認真於各階段幻身之行（尤其是意識的控制）的人才能達到此階段，不知幻身為何物，或不會控制幻身的人，都沒希望。

藉幻身之行出現的謎樣實體

介紹過幻身之行後，接著進行使自己了解所見的幻身，包含自己在內的世界一切均為沒有實體的存在之行。

所謂幻身，單純比喻是自己本身，但事實上沒那麼簡單。

因為依派別不同、個人不同，幻身的存在與其說是因為此行，倒不如說為實際之姿出現於世界。

請看下一段，尼克六法的說法。

「幻身與我們一樣，有胴體、有手足。鏡中的像就像映在水面的月、空中的彩虹一般，

與宇宙萬象相通，如夢似幻。」

充滿暗示，但也非不用比喻，只單純說明自身的意象或鏡中的幻像，但為什麼又說「與我們一樣」呢？似乎有點奇怪。

再往下看，還有更有趣的記述。其中詳細記述如何看見幻身。

「進行瞑想、不斷意象幻身時，或幻身實際出現時，還不能清楚看見身體，只看見眼睛或頭部而已。但進入幻三摩地（幻身三摩地）之後，幻身便會全身出現，姿態也很清楚。」

看見此，幻身並非單純意象的產物，而好像有具體之姿。第二行的「幻身實際出現時……」一段，即清楚說明事情。

實際上，有人數度目睹此幻身，而且不是西藏人，而是歐美人，亦即本書開頭提到美國有名女性人類學者阿雷克桑德拉・大衛・尼爾。

她進入西藏，拜訪各種喇嘛、魔幻師，觀察此不可思議的宗教實態，在過程中數度目擊幻身。以下譯出其著書的此部分。

—當時我到康地方的普那・利德露營。

有一天午後，一位幫我烹飪的少年說道：「想煮東西吃，不知道有沒有帶材料來？」我說：「一起到帳蓬裡去看看，那裡有食物箱。」

就在我們二人向帳蓬走的時候，看見彷彿隱者的喇嘛坐在假設餐桌前的折疊椅上。

這並沒什麼稀奇，因為喇嘛們來找我聊天是很平常的事。

「林波（活佛）來了，我去泡茶，煮東西的材料待會兒再拿。」少年說道。

「好啊！茶泡好了就端來。」我回答。

少年回到小屋內，我則繼續往喇嘛處走，這段期間，喇嘛一動也不動地坐在那兒。快到喇嘛所在位置時，突然有薄霧般的東西出現，遮擋在我和喇嘛之間，感覺就好像薄薄的窗簾。

接下來的瞬間——。突然，喇嘛從我的視線中消失了，他不見了。

不一會兒，少年端茶過來，看見只有我一人時瞪大了眼睛。

我立刻說道：

「林波沒時間喝茶，先回去了。」

後來，我與一位喇嘛談到此事時，他沒回答我的疑問，只是微笑——。

這個體驗之後，她從喇嘛及魔幻師處聽說產生此情境的行（術），而且自己挑戰。

接下來是她體驗的部分，她稱此奇妙的存在為tulpa（sprulpa），拉薩的西藏語（拉薩方言）發音為「秋巴」，意思是化身或幻象。當然，這是幻身。

——雖然有點誇張或加入有趣部分，但關於看見化身如活人一般則是不容否定的。因意識而會製造出不同形。後來我修行中也獲得某種程度的成果。

我極力排除喇嘛教利用神意象的影響，打算意象毫無意義之事。那是一位矮胖、天真、朝氣蓬勃的喇嘛。

我待在修行屋內，依命令集中意識與儀式。

幾個月後，意象的喇嘛姿態出現，並且逐漸清楚，好像一個活生生的人，這個喇嘛就像客人一樣，住在我家裡。

之後，我中斷此修行，收起帳蓬與助理一起四處旅遊。

然而，令人驚訝的是，幻像喇嘛也加入我們的行列。

即使我在野外生活，一日搭馬車移動數公里，他的幻影也始終相隨。

這位矮胖喇嘛即使在我不特地意象他時，也會偶然出現。幻影如旅人般自然行動，連我也不能命令他，他時行時停，跟在我周圍。

幻影非常清楚，穿著的衣裳碰觸我的身體，他還曾伸手搭我的肩。

從那時候開始，我意象的姿態變得比剛開始時差，小而胖的臉頰感覺變瘦了，而且臉的模樣變成陰險、惡意的表情。

坦白說，對我而言，他已經是不可控制的存在了。

有一天，遊牧朋友拿來我所訂製的奶油，他與化身在帳蓬相遇，與真正的喇嘛不同。

任何現象都應該遵守其成立法則，但這不該受歡迎的存在，真的讓我煩惱，居然大白天

也公然出現，彷彿在向我挑戰。

當時我決定到拉薩旅行，希望不受打擾，讓自己處於靜的狀態。因為這個理由，所以我決定讓這個怪物從我身邊消失。

但這並不是一件簡單的事，而且成功也是與怪物格鬥六個月以後的事。

由此可知，幻身並不是單純實踐行的人而已，好像連一般人也能見到。

幻身在行的什麼過程出現？

幻身實際出現究竟是在何時呢？又是怎麼樣的過程出現呢？

從『五支摘要闡釋』一書得知，幻身發生過程如下所述：

「首先，如陽炎般物體出現，此陽炎具有五色光。接著，如月光般的光出現。第三項出現的是鮮艷的太陽光。幻身就在這各種意象之後出現。」

這種表現是不是在哪裡出現過？對，幻身之行的第二階段，亦即淨幻身意象階段（觀想本尊身如幻的階段」最後出現的「入此境地則如煙霧般之物，或五種光輝出現」一節。

所謂煙或霧般之物，就是「霧、煙、海市蜃樓、陽炎、日出微光、晴天藍空般的顏色」。五種光輝就是「爆發時的火柱、月光、太陽光、土星光、閃電」。這些都是在幻身之行進行過程中出現的意象。

『五支摘要闡釋』表示，此意象出現後，幻身才會出現。第二階段淨幻身意象中出現的一段，不單是意象上的幻身出現，而且是伴隨實際姿影的幻身出現。

◆構成幻身身體之物

如果幻身是具有實體的真實存在，那麼他的身體又是由什麼構成的呢？尼克六法記述如下：

「幻身由微細的氣與心組成，二者合成一體出現。」

奇爾派達賴喇嘛二世則敍述如下：

「幻身並無實體，並非有血、有肉，只可說是空的一種。這是微細的氣與心識（心與意識）交合出現之物。幻身與肉體是分離的，它脫離粗糙的肉體，又回到這個肉體，有時以佛（佛父、佛母）之姿出現。密教所說的『中陰身（中有的體）』或『復本』就是指此。」

總而言之，幻身就是「微細的心識與氣結合出現之物」。那麼，微細的氣又是什麼呢？

據我觀察的結果，其表現如下：

▲空色身……「一般意象本尊或佛母形的稱爲空色身。空色身不是由我們眼睛所見的粗糙物質所形成，而是心與氣結合出現。由五種微細的氣組成，形成中心的就是命氣。」

▲光身……「光身就是空色身，由五種光組成，所以稱為光身。」

▲心靈身……「心靈身就是光身，換句話說就是空色身。」

關於以上論述註釋如下：

「實行幻身之行，心或靈的作用與光明生起（內在光出現的體驗）結合使幻體出現。」這一切都是關於幻身的說明，從最後心靈身的註釋即可得知。總而言之，幻身就是心靈身，也稱為空色身或光身。

其自體怎麼說都可以，從說明可知，幻身是由五種氣與光（光明）組成。五種氣在空色身的說明中寫道：「由五種微細的氣組成，形成中心的是命氣。」也就是在內火之行中出現的五氣，亦即命根氣（與命氣同）、上行氣、平行氣、下行氣、遍行氣五種。而形成其中心的是命氣（prāna），也就是命根氣。

光指的是前述的五種光「爆發時的火柱、月光、太陽光、土星光、閃電」。這種六法之行的基本與心及意識結合形成幻身。

尼克六法的幻身之行（稱為瑜伽）有以下一段，可做為依據。

「幻身之行是內火之行的基礎。內火之行修行中，行者將氣送至中脈，使之停止、融合，藉此形成陽炎、煙狀物，螢光、燃燒的燈火……」

看了此段即可知，幻身是內火之行所發生的能量，藉著在中脈融合（凝縮）而出現，而其目標是體驗內在光，使五種光出現。各位了解了吧！此處所述的是你應該了解的幻身之行，這個階段終了後，就可以前進至最終階段之行，轉識或中有。

第五章

超越頭頂的秘法、轉識之行

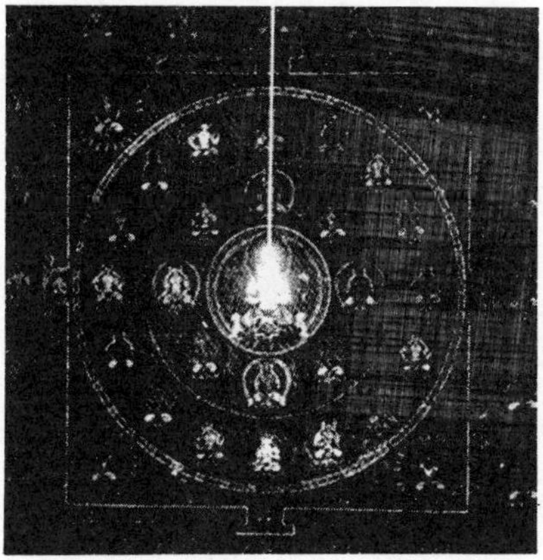

開啟頭頂的意識移行至佛的境地

屬於那羅六法最終階段的轉識與中有二行，都是死亡時行的術。本章從轉識談起。轉識之行的西藏語是pho-ba。轉識是漢譯名，另外也有譯成遷識、開頂的。

轉識或遷識，就是意識（識）轉移到別的場所。移到什麼場所呢？移到佛的境地（心）。換句話說，意識轉移（轉入？）至領悟的人（覺者、佛陀）境地，所以稱為「轉識」。

相對於此，開頂這個語譯是指為了脫離體外而開啟頭頂。為什麼這麼說呢？就是為了使意識超越頭頂（並非絕對只有此型）。

換句話說，轉識（遷識）是意識、開頂依此規則為中心，敍述行的狀態之譯語。不管怎麼說，都是敍述同一種行，所以選用哪一種譯語均可。

我在選擇時也煩惱了一番，使用英語transferens（轉移）的譯語，因為轉識更普遍，所以本書使用這個名稱。但為了配合出典，所以有時也用開頂、破瓦等名詞，現在就進入主題。

轉識如前所述，是死亡階段之行，普遍是在瀕臨死亡階段實踐。為什麼要在極限狀態下實踐呢？

理由是，因為轉識之行完成則頭頂開啟，氣，亦即生命力會從此處漏掉，因此比普通人壽命早結束。

這麼說，年輕力壯的人根本不用實行了嗎?這也是一個問題。如果隨隨便便跳過去，等實際瀕臨死亡時，就已經來不及了。因此，轉識之行真是令人感到矛盾，不做，到時候就來不及；要做，魂（生命力）又會脫離早死。真是坐也不是、站也不是，傷透腦筋。

請看以下二種解決對策：

一是只學行法，不完成正式的行，也就是只學技巧，不實行開頭頂方法。

另一種是完成正式的行（開頭頂），但也實行補完缺點方法。這比較常見，每一派都傳授這種稱爲長命法的開頂補完技巧。

關於「正式完成行」的方法，在日本也偶爾會舉辦講習會。

但這也有重大缺點，就是只模仿行，一旦在必要場合必須實行時，不知道是不是會出現實際效果，可能有效果，也可能無效果。

利用此法確實使轉識之行成功的，只有精通內火之行、幻身之行、做夢之行、光明之行等，完成第一、第二階段之行的人。

與此相比，「完成正式行（開頭頂）」的方法，不是只模仿行，而是完全修得，所以可以正確地完成轉識。不過，壽命也一定會縮短。當然，有了長命法之後，此缺點就可彌補了。

雖然這麼說，也不是百分之百保證沒問題，畢竟生命結束後就不可能再回生。

原本對於這個問題，各家說法就不同，並沒有清楚的結論，也有人表示開頂不會使壽命縮短。事實上，待會兒要介紹的因是子，就在六十一歲開頂成功，而且活到八十多歲。但不管怎麼說，既然沒有一個明白的基準，除了謹慎之外別無他法。

本書將介紹實際開頂的正式方法，當然也別忘了加入長命法。

普通此行是從頭至尾一貫實踐，但照這麼寫非常難懂，所以我將此行分為準備階段與實際實踐開頂的正式部分。準備階段可說是一種前行（加行），與內火之行時一樣，使用金剛佛母及中脈的意象。正式部分以前行諸意象為基礎，實踐開頂的技巧。

本書著眼於內容易懂，所以分為前行、本行二部分。換言之，準備階段是轉識之行的前階段，正式部分是轉識之行的本階段。如此一來，各位就可以清楚了解轉識之行了。

首先，我們就從前段部分開始。

轉識之行訓練技巧

◆轉識之行・前階段

①實行坐法……實行行的人，首先採取七支坐法，身體放鬆靜靜呼吸，意識穩定後再進入下面意象。

②使金剛總持出現……在自己的頭上意象金剛總持。

描繪於坦喀的金剛總持尊像。利用此尊像意象。

「在行者頭上稍高處有蓮華狀的月輪，其上有金剛總持結跏趺坐之姿。穿著藍色衣裳，右手在前持金剛杵、左手持鈴。」

③變身為金剛佛母……移至下個意象。

「一瞬間，我身變為金剛佛母。其體紅色。」

「佛母之姿美麗莊嚴，其體閃爍光芒，體內完全呈空。體內覆蓋智慧之火，熊熊燃燒。」

接著進入下個意象。

「我身是空的存在。心中毫無雜念。從真實無污染的心放出耀眼光芒。」

強烈描出此樣子。

④意象中脈

意象在自己身體（變身後的佛母體）的中心有中脈的種種。

「中脈貫穿身體中央，好像竹子般硬直，外側白、內側紅。具備紅、明、直、空四種優越性質（四德）。」

「此中脈最下部為會陰，緊緊關閉。最上部為梵穴，此處向虛空開啟。」

金剛總持的身體中心也和我身一樣，意象中脈貫穿的樣子。

這二條中脈就像在行者頭上連繫一條管子一樣——真實地意象此樣。

⑤心輪的意象……接著意象中脈的心部（與心臟同高）發出鮮明的光點。

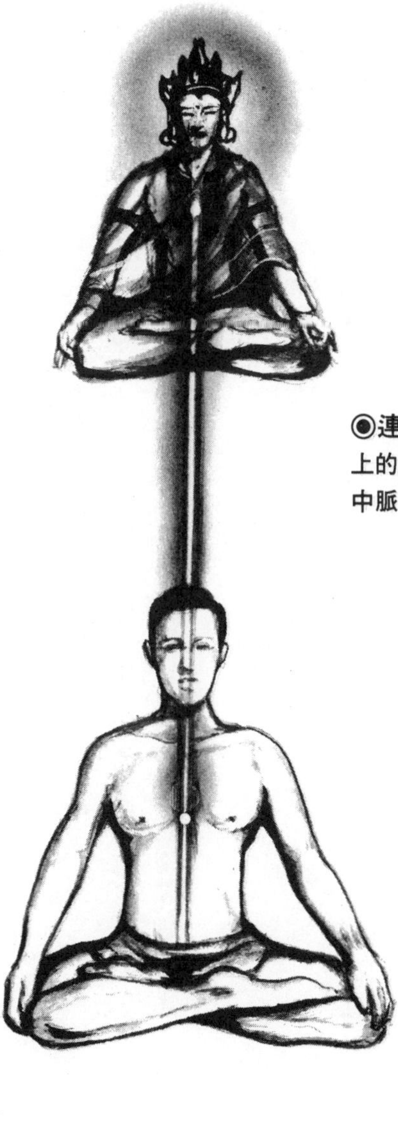

◉連接中脈：坐於頭上的金剛總持與行者的中脈，藉一根管連接。

「中脈的心部（心輪）有四片蓮台，其上有鮮明光點閃爍。這就是風息（rlung）與意識之體合一之物，色白帶有淡紅色，充滿能量如飛躍之姿。」

以上是轉識之行的前階段。以下為本階段：

◆轉識之行・本階段

開始進入本階段。與之前不同，必須在重要部位運氣後實行。

①心部意象 ཧཱུྃ（**hum**）**字**……首先，意象在前階段中意象老師心部有ཧཱུྃ字。

「看見老師的心部有ཧཱུྃ字，這代表諸佛、諸菩薩的心。色藍，周圍放射五種知慧（五智、五個佛）的光。」

hum字

接著，意象自己心部也有一樣東西。

「這時，想起自己心部也同樣有鮮明的光點（明點）。」

在此意象與前行一樣，放鬆就可以了。

②使光點上升……接下來，在自己心部的光點配合運氣，沿著中脈上升，到達老師心部。

「以強有力的聲調發出嘿（hei）聲，藉此威力使明亮光點上升至坐於空中高處的老師心部。」

發出此嘿聲時，使意識有點緊張，但不可太用力。緊張不足時光點無法上升，太過於緊張則光點上升威力太強，會造成行縱不明的現象。經過適當調節後，找出最恰好的狀態。

③光點留在老師心部

「光點至老師心部後，稍做停留。」

在此的意象是在意識放鬆狀態下進行。正式行就是如此，緊張與弛緩交互進行。

④光點下降至自己心部……接著意識光點下降至自己的心部。

「接著吸氣、發出嘎（ka）的音，隨著聲音，意象光點回到自己心部的樣子。」

這也不是單純的意象，而是發出強聲使光點下降到自己的心部。

前階段的行，一次行一回就夠了，但本階段之行，一次行必須重複二十一回。

關於回數，六法記述如下：

▲**素質佳的人**……素質特別好的人，反覆二十一次就可看出效果。

▲**普通人**……持續一個半小時才能看出結果。

▲**素質不佳的人**……素質不佳的人需要長時間，也許一天才出現效果。

你屬於什麼程度並不清楚，但可參考上述決定次數及練習時間。

完成頭頂開後肉體會出現奇妙狀態

認真此階段之行，會有意想不到的情況出現，如流汗、氣息奄奄等。關於此將在因是子的體驗談中提及，請慢慢看下去。

結果會變成怎麼樣呢？頭頂開的狀態，會出現以下摩訶不可思議現象。

「真正做到此地步的人，頭頂的梵穴會突起像瘤一樣的異物，流出血或滲有黃色的混濁液體。」

如果只是這樣還好，但事實上還會發生更不可思議的現象。

「為了確認開頂，可以在修行者的頭頂部之梵穴處放入吉祥草，如果被吸入，就代表頭頂真的開了。」

這也將在因是子的體驗中提及，想想吉祥草被頭頂吸入的樣子，有點令人做噁。

「出現這種成果後，就不可以再繼續此行，否則壽命會減短。」

這在之前已敍述過了，是因為氣會從頭頂漏掉之故。事實上，實物草花被吸入，氣當然隨之流失。沒辦法，事後只好實踐長命法塡補此洞。

◆長命法的意象技巧

①意象無量壽佛

無量壽佛像。拯救所有人的無量壽佛，將長壽瓶中的甘露注於修行者的身體，行者即可獲得無量壽命……。此意象是長命法之要。

「意象從金剛總持變更為無量壽佛。」

首先，之前意象的金剛總持，在長命法則改為無量壽佛（佛色為紅）。

②甘露之水的意象……接著進行以下意象：

「無量壽佛手持長壽瓶，從頭頂往我身注甘露。甘露漸漸擴散至身體各處，到達所有場所。接受此能量後獲得無量的壽命。」

③咒的唸唱與光明的導入意象……最後唸唱無量壽佛的咒語。

「心咒是om（翁）、a ma ra ni（阿媽拉尼）、ji wan te ye（茲溫踢也）、so ha（索哈）」

同時，意象無量壽佛變身為耀眼的光明（光），進入我身的樣子。

像這樣的意象，每天實行一次以上。

關於此轉識，胡之真居士寫下了自己的體驗。以下介紹供各位參考：

——轉識之法在紅教（尼馬派）、白教（伽可派）、黃教（奇爾派）均共通。我進行紅教與白教修行，但以紅教為主。

轉識之法西藏語為「波瓦」。一言以蔽之，就是脫離肉體的技巧。一般而言，白教認為人死後往金剛總持世界去。相對於此，紅教則以往生西方阿彌陀佛極樂世界為目的。

我本身是「波瓦」修得者，亦即開頂經驗者。那真是精彩的體驗，可惜的是當時太年輕了，只有三十歲，還未看破俗世，難捨親人、斷俗緣。

現已入老境，也許之後就沒有修行之故，所以已不能再順利進行「波瓦」。

我想給想進行波瓦的人一些忠告。波瓦在年輕時根本沒有實踐的必要，等老年後再開始就可以了。假如年輕時就進行波瓦開頭頂成功，並且繼續修練，絕對會短命，請各位謹記。

「波瓦」是六法中最能夠速成的部分，所以不可太費力。一定得接受良師的指導，心中不可有雜念，認真實行立刻出現效果。

修行唸嘿的時候，不要使心中的光點（明點）太過強力上升，刺入金剛總持的心中合成一體後，就不會再回到人間了——。

最後部分最重要，因為這是從經驗者的立場敍述行中心的光點移動技巧，很有參考價值。

李仲愚醫師實踐的適合現代人之開頂技巧

傳統西藏密教是由以意象法為主體、宗教色彩濃厚的修行法所成立，所以任何技巧對一般人而言，都是非常煩雜、難懂的課題（本書經過特別整理，已經是非常簡單之說明了）。

對長期修行真言或天台密教的人而言，好像沒什麽，但對意象力弱的我們凡人而言，西藏密教之行是很艱辛的，不是嗎？

像我就覺得意象法用簡單的中國仙道即可達成，西藏密教傳統意象法很複雜。

關於這一點，對不以西藏密教為民族宗教的中國人而言也一樣，他們也努力以簡單的方法編寫這種複雜、奇怪又莊嚴的意象法。在我找尋中文版西藏密教之書（包含氣功法）時，發現了幾本好書。

在此介紹最簡單的一本書供各位參考，可與伽可派正式行比較一番。

此方法記載於『氣功靈源發微』一書中，為李仲愚醫師自海慧禪師處所學。

中國佛教界並不像日本為排他宗派，大多是信仰阿彌陀佛、進行坐禪瞑想，因人而異，為追求更深境界而實踐仙道、密教。不是日本奈良時代的佛教南都六宗（非宗教，而是自由相互研究形成），彼此門戶開放。姑且不論此，以下介紹的方法，是李仲愚醫師認為最具醫學效果的一種，有健康方面問題的人最好一試。

◆李仲愚醫師的開頂法

①首先，身體打直正坐。安靜精神、意識放在呼吸上。

②接著將意識集中於丹田。

意象丹田有清澈的月，月中有紅色的ལཾ（lam）字。

③從鼻子吸氣。此時並非只是單純吸氣。還必須實行以下意象：

頭上遙遠空中有能量塊，突然變成白色的甘露（液體），隨著吸氣從頭頂緩緩流入。甘露充滿體內擴散至手腳的末端。

④之後，鼻子充分吸氣後吐氣，並實行以下意象。

隨著吐氣，lam字發出耀眼光芒，從全身毛細孔向外放出，從頭、體也發出圓光，光覆蓋整個身體。此光使周圍變成耀眼世界。

⑤接下來意象丹田的lam字逐漸縮小。

lam字不斷縮小，最後成為像米粒般小，並如水晶一般閃閃發光。

雖然極小，但lam字仍很清楚。

⑥從鼻子強力吸氣，下意識使丹田張開，藉此使下腹充滿氣後，不發出聲音，而由內心發出銳利、強烈的嘿聲。

隨著此聲（默音），丹田的光點（明點）如彈丸般從丹田飛出，經過中脈，一瞬間從頭頂向虛空拋出。

⑦再從鼻子吸氣。氣到達丹田後，不要出聲地在心中發出嗄音。

隨著這個聲音，留在空中的光點被吸入頭頂，穿過中脈回到丹田……如此意象。

以上意象，每次行重複七～二十一次。

⑧之後，意識移至會陰，但只有◯字的意象留置在丹田。換句話說，就是意識移動，但意象仍留在丹田，不要移動至會陰。

⑨意識移至會陰之後，兩手摩擦生熱。用變熱的手按摩頭、臉、眼、頸、胸、腹、腰每一部位。最後再充分按摩手腳（腳脖子）、肘、膝後結束此行。

接著起立恢復普通生活。如果因實行行而感到疲倦，就稍微躺一下。

健康者一天進行此訓練二～三次，回數為七～二十一回。每次二十一回的行練習，大概四十九日即可開頭頂。是不是真的打開，看頭頂是否有凹陷即知。

之後，每月二次，月初（一日前後）與月中（十五日前後），終生練習。頭頂打開後，最好利用◯字的技巧吸收佈滿空中的能量。而體內濁氣也用◯字的技巧排出。

這是用身、口、意三要訣，約六萬日左右確實實踐後，即可使肉體、精神清淨，幾乎不會生病，一切煩惱也不見了。到了瀕臨死亡時期，心靈不會有任何不安，能從肉體出脫。

以上是李醫師的開頂法（轉識），並非正式記述於六法書中的要點，僅供各位參考。

關於轉識之行說明完畢。以下則就有關實際實踐轉識之行後會出現什麼狀態，介紹各種實例。首先是體驗談中最有名的因是子（蔣維喬）。

因是子的實際轉識之行

我（因是子）於一九三三年（六十一歲時）拜諾那上師學習西藏密教的開頂法。原來諾那上師只教我方法，命令我獨自回家練習，但毫無成果。

一九三七年（六十五歲時）春，聽說聖露上師從西藏來，在南京傳授此行，第四次短期講習已經結束，第五次將要召開，我認為機會不可失，於是立刻往南京出發，到破瓦講習會召開地點毘盧寺申請參加。

詳細記述轉識之實際情形的因是子

四月一日到毘盧寺，這天接受灌頂的儀式。諾那上師教授的技巧很繁雜，聖露上師就簡單多了。

他只是要我們唱亥母金剛（金剛佛母）咒，這是非常方便的修行。

雖說如此，也並非輕鬆即可完成。咒語並不長，但觀想（意象法）卻非常繁雜，而且得先唱十萬次，由於時間緊迫，根本來不及，沒辦法，只好在開頂法傳授日前儘量努力。

四月二日待在家中閉門開始唸咒。到四月九日上午終於唸了六萬二千次。由於時間來不及，所以下午進入毘盧寺。這裡聚集了三十九位同修，根據記錄，這次參加的人不止此數。聖露上師用剃刀剃我們每一個人的頭，在頭頂部剃小圓形狀。這是為了往後確認是否實際開頂。

四月十日，全員集合完畢後，寺中大門緊閉，在大講堂內佈置祭壇。其狀非常莊嚴，聖露上師在當中執行開壇修法。

之後，每日四次、每次二小時進行講習。第一次講習從上午七點至九點，第二次十點至十二點，第三次下午三點至五點，第四次下午七點至九點。實行什麼樣的行呢？請看以下。

首先意象頭上有無量壽佛，垂腳而坐的樣子。接著意象自己體內，從頭頂至會陰有一支外側藍、內部鮮紅的管子貫穿。再來意象丹田有閃亮的小球，往心中，亦即胸部移動（心臟高度），運氣發出有力的「唄」聲。隨著這個聲音，閃亮的球立刻從管中上升，穿過頭頂到達無量壽佛的心中。

接下來，輕輕「嘿」地一聲，隨著此聲，在佛心中的閃亮球下降，透過頭頂回到原來的場所，反覆進行幾次這種意象。

由於每次都得運氣發聲，所以大家都汗流浹背，衣衫都濕了。但由於此時天氣尚寒，所以大家都穿著一件薄衫。上師看大家差不多都累了的時候，便唱梵語歌，並命令大家跟著唱。這種休息在二小時中有四、五次。

四月十一日由於我以前學過仙道內功法，所以會陰至頭頂已經打開，因此十一日出現奇妙效果。

首先是在第一次講習中，看見從頭頂往空中放射鮮紅色光。這一天的第四次講習，不但感到頭頂部突然打開，還實際有球從中向外彈出，當場鏘鏘鏘的聲音出現。講習後立刻上床，但奇妙的效果仍不停止，看見從頭部發出白色光。

四月十二日。這一天也和十一日進行相同訓練。第二次講習時，我突然有種頭頂被割開的感覺，第三次講習，頭頂有一股不知名的力往上拉，並逐漸升高，最後好像破裂的感覺。

四月十三日。第一次講習時，頭頂仍有被往上拉、突然被剖開的感覺。

一開始頭蓋骨很厚，但隨著拉力而逐漸變薄。第三次時，突然感覺上半身好像消失似的，同時從頭部放出明亮光芒。

◆吉祥草被頭頂吸入！

四月十四日。第一次、第二次講習時，閃亮的球都咻——地上升至頭上佛的手腳處，感覺很順暢，與之前頭裂開的感覺完全不同。好像以前通路未通所以阻塞似的。

第四次講習時，喉內部出現奇妙感覺。在身體內部出現細圓柱形之物，這種感覺一直延

伸至胃、腸處。事實上，這就是中脈打開的證據。之前閃亮的球在頭上與佛之間穿梭，只是意象而已，並不是真的中脈打開，但現在就和真實感覺一樣，證明中脈打開了。

四月十五日。第一次講習時，感覺頭頂的穴也開了。第二次講習時，上師移至台下，一個個檢查參加者，確認頭頂是否真的打開。確認方法就是在頭頂插入吉祥草，如果頭頂打開，吉祥草會咻——地吸入頭內。皮膚一點影響也沒有，毫無傷痕地吸入。

實際上，我的頭頂就將吉祥草吸入。經由吉祥草確認開頂的有二十八人，其餘十一人吉祥草無法進入，上師命令他們繼續練習。已開頂者，午後之行停止，集合於壇上使用意象，協助未開頂者完成此行。

四月十六日。已經完成開頂者集合於壇上，幫助未開頂者完成此行。第一次講習，又有九人開頂成功，最後只剩下一位男性與一位女性信徒。這位男性曾至日本修行密教，對行的知識深入，也相當有修行，為什麼不能完成開頂呢？

我自己也有行的經驗、知識也深……，也許正是這個原因造成障礙，使他無法率直地實踐行吧！女性則因為年紀太大了，有一點遲鈍，所以不太有進展。沒辦法，上師只好將二人叫到自己的座前，再次指導訓練法。除了上師本身直接使力之外，我們全員也在旁協助，終於使二人開頂了。

我在這個講習後，也以止觀法（佛教瞑想法的一種）為主，配合破瓦繼續練習。

五月二十四日。進入瞑想後，就看見胸部有光，愈來愈擴大，不久覆蓋全身，成為巨大的圓形光。接受講習時雖然看見頭部有光，但胸部的光，還是頭一回看見。

五月二十六日。進入瞑想後，看見背部發光，不久全身被光覆蓋。實在感覺很舒服，但還沒到完全無的狀態。

五月二十七日。進入瞑想後，看見光往更高處發射，好像到達空中遙遠的雲端似的。意識超越肉體，不久就回到頭頂原來位置。

五月三十一日。進入瞑想後，和昨天一樣，從上半身開始發光，下腹好像泡在熱水中熱了起來。看見鮮明的光包住下腹部，感覺下半身好像消失了。這種感覺以前沒體驗過。

六月十日。進入瞑想後，全身被光包圍。比以前更強烈，好像頭部消失似的，只看見透明光。

六月十四日。進入瞑想後，全身被光包圍。上半身與下半身都是相同狀態。

六月十七日。進入瞑想後，全身被光包圍。看見耀眼的白色光，並充滿身體上下、左右所有方向。自己如同坐在巨大球形當中。

六月十八日。進入瞑想後，全身被光包圍。今天比之前的白色光更眩目，光、光、光，一切都在光中。好像身體就是一個發光體，往四面八方照射似的。稍微注意一下，意識超越肉體往空中移，我哈—地將意識回到肉體處，下降至下腹，接著進入雙手、雙腳，最後至頭部。至此終於恢復普通意識狀態。

一九四七年（七十五歲時），拜貢葛上師學大手印行。大手印與開頂法之不同，相當於顯教所說的禪與淨土，大手印是禪、開頂是淨土。理由為大手印重點置於悟，開頂則著重往生……。

澳洲青年利用波瓦的體外脫離體驗

以上是因是子至轉識成就的詳細過程經驗談。雖然我們有時聽到轉識經驗談，但都沒有這麼詳細的內容，所以他的筆記有特別記述的必要。這對於我們而言，已經了解如何進入轉識的修行。

畫龍點睛很失禮，但其完成後的狀態，亦即開頂後的體驗（體外脫離）卻無詳述，非常可惜。茲將其日誌再度重點介紹。

一是，五月二十七日的部分。

「……意識超越肉體，不久之後回到頭頂原來場所。」

另一是，六月十八日的部分。

「……注意到意識脫離肉體在空中移動。我哈—地將意識回到肉體處，下降至下腹，接著進入雙手、雙腳，最後至頭部。」

這無疑是體外脫離的狀態。但記述非常簡單，沒有從體外的觀察記錄。

這部分才是轉識之行的重點，真希望他有更詳細的記錄，但閱讀日誌後，還是沒發現，很遺憾。可是這也沒辦法，沒寫就是沒寫了，之後我便忘了此事。但有一次，在偶然的機會裡，我有機會一聞實際進行轉識者敍述當時狀態。

這位轉識者，是我在新加坡遇到的一位澳大利亞籍青年。

一開始不知其為密教修行者，所以隨便聊聊，但愈談愈深入，他不但對西藏熟悉，而且熱心地談起佛教之事。西方人有這種程度的認知實在罕見，於是我問明原委，原來他在澳大利亞曾拜西藏僧學習密教。

學習什麼呢？他立刻說出「pure energy」之語。他的老師指導他使純正精力充滿體內之行，沒錯，就是內火之行。說到此處，他告訴我他的體驗。

不久，話至核心部分。修行的結果，他得到體外脫離的經驗……。也就是從內火之行修行至轉識之行。以下是當時他的談話。

──有一天，老師說：「我教你的你應該都會了，今天就實際試試吧！」

的確，我使用老師所說的意象法，一直進行體外脫離的技巧。但實際能不能做到，一點信心也沒有。老師說：「沒關係，不行的話我會幫你，試試看。」

老師要我瞑想，我依指示進入瞑想狀態。

不久，老師說：「意象自己的兩手伸直，然後和我伸出的手握手，但手不可實際移動。」說也奇怪，我看見眼前有二隻手，雖然有點驚訝，但我依指示意象伸出手與眼前的手握住。就在這時候，隨著被吸引的感覺，我好像覺得身體浮在空中。

接下來的瞬間，我一看，下面是瞑想中的自己，前方則是老師。我往房屋環視，家具、用品等都在自己的下方。當時真的自覺自己浮在空中，但想看自己的身體就是看不見——。

說到這裡，他吐了一口氣說道：「西藏密教真的像謎一樣，我打算再進一步修行。」一問之下，他打算到印度找老師（已經回國），繼續修行。

這體驗是轉識之行者看世界的樣子，事實上與常聽說的幽體脫離體驗沒什麽不同，只是這是借第三者之力而實行，與幽體脫離體驗不同。

一般幽體脫離得靠個人資質，沒聽說借助外力進行的。學會此法後，可以說完成六法轉識之行的一個技巧了。

利用轉識技巧造訪靈界的台灣企業家

澳大利亞青年的波瓦經驗談對我而言，是非常重要的參考資料，因為他從實踐行的視點說明因是子所講體外脫離時的狀態。

但我還有不滿意的地方，那就是體外脫離之後，只從脫離處看自己，只是極普通的體驗，沒什麼特別變化。既然要求密教所說的深入宗教體驗之行，如果只以此為最終結果，未免太膚淺了。

關於這一點，我有幸接觸到實例。達到轉識之行體外脫離的人並不多，而更深一層階段的精通者，更是少之又少。本來我是不抱持希望的，但有一次到台灣拜訪著名靈能者盧勝彥先生，才有機會接觸到實例。

告訴我實例的人，是在台灣彰化經營大峰企業的黃朝初先生。他是位企業家，同時也是盧勝彥的弟子，接受直傳密教秘法。黃先生在自宅頂樓設修行場，每日靜坐，有時也教導同門之人。

我請教盧先生咒術的威力及有關風水之事，他順便向我介紹其弟子，最後遇到了黃先生。根據黃先生表示，修行轉識（本人出神。但盧先生是屬於西藏密教派，所以正確為轉識）後，體驗到了體外脫離，進入不可思議的世界。他向盧先生學習此行已經是很久以前的事了，經過長期修行，有了某種程度自信後，盧先生告訴他：「接下來試試體外脫離。」

黃先生模擬了幾次，但實際進行還是頭一遭，所以有點躊躇。盧先生則告訴他：「別擔心，如果你做不來，我會幫你，試試看。」

試了之後發現，的確做不來，於是接受盧先生幫忙。以下是黃先生的話：

——和老師一起靜坐進入瞑想，意識逐漸深沈，不久突然注意到自己與老師一起在雲端。往下看，平常在修行場陽台可以看見的八卦山（彰化名勝，有大佛）在遙遠的下方。

不久，老師拉著我的手更往雲層上升，到達第三層雲時，開始走在上面，不知是否太高之故，往下看不見平常所見的景色。

我們到達像門一般的地方，有二位男子守在門側，看了老師沒說什麼就讓我們進入門內。這是我的第一次體驗，所以我拼命跟著老師，穿過山門後，到達山上如來廟般的地方——。

據黃先生表示，盧先生到他家時，就已經說要讓他得到這種體驗了。第六次時盧先生命令：「已經習慣吧！自己去吧！」

黃先生平常都是跟在盧先生之後，聽了盧先生這麼一說，心裡非常焦急，不知該怎麼去才好，而且在過程中都很緊張，根本不記得景色如何。

盧先生知道他的遲疑之處後說道：「別擔心，試試看，盡你所能去想，只要有情景就能到達。好了！別猶豫！開始吧！」

老師的命令難以違抗，於是黃先生在平常靜坐場所進入瞑想。接著拼命意象與盧先生一起實踐轉識之行時，那種獨特的感覺。

當時，與先前一樣，意識逐漸深沈，等稍一留意，已經在第一層雲上了。當然，這次只有黃先生一個人。往下看，八卦山綿延下方，很順利。接著意象第二層的樣子，咻—地又躍上第二層雲端。就這樣，黃先生獨自意象第三層的雲景，在虛空中更升高。

利用轉識技巧進行體外脫離，進入與現世不同次元世界的黃朝初先生。他在那個世界與亡妻再會，得到難以置信的體驗。

黃先生於自宅供奉齊天大聖（孫悟空）像，讓黃先生在異次元世界中見到亡妻的，就是這位齊天大聖。

到了第三層雲上，那時總是和盧先生步行的道路飛入眼前。以前總是死命地跟在盧先生身後，沒有餘暇觀察周圍狀態，仔細一看，道路如水晶般，受光照射散發美麗光芒。

不久黃先生抵達第一扇門，那裡有常見的守門者。但以前總是沈默的守門者，這次卻將槍交叉在門前，擋住黃先生的去路。仔細一看，守門的不是人，而是像鬼一般恐怖的臉孔，守門者大叫：「你是誰？」

黃先生嚇了一跳說道：「我是蓮生大師（盧先生的法名）的弟子。」

於是他們讓出通道。

通過第一扇門後，不僅只有道路，周圍一切都是由水晶製成的東西，而且有無數水晶柱，就像玻璃王國一般，散發出迷人的美。接著到達第二扇門，黃先生被守門者擋住，這次說是「蓮生大師的弟子」也沒用，守門者之一表示要到下界確認，要他在此等待。過了好久，守門者回來說「沒錯」，才慎重讓黃先生入內。

通過第二扇門後，以前總是和盧先生前往的山上寺廟，有許多人在那兒叫嚷。仔細一看，山上好像有許多人家，大家都從那兒出來，只是他們的服裝很奇怪，是宋、明時代的中國服。黃先生突然想起來，剛剛的守門者也是穿冑甲……。

不久，黃先生到達山上最高點，寺廟所在處，接著開始祈禱。突然，白衣觀音從裡面出來，這不是木、金佛像，而是充滿朝氣活生生的佛。

黃先生驚訝得說不出話來，觀音菩薩對黃先生說了二、三句話後又進入寺內。之後，黃先生循原路而下，正好到達第一扇門時，遇到齊天大聖（孫悟空）也從別條路過來。

齊天大聖看見黃先生叫道：「你是誰？」

黃先生說道：「我總是在自家修行場的神壇前祭祀、供物。」齊天大聖聽了說道：「原來如此！」於是請黃先生坐在凳子上。

「你有什麼希望？」

「不知道可不可以見二十年前去世的妻子？」

「你的妻子生前犯罪，所以現在落入血池地獄。本來你不可能見到她，但既然是你的願望，就讓你見吧！你等一會兒！」齊天大聖說著，拍手呼來使者，命令往地獄帶來黃先生的妻子。

與齊天大聖坐在凳子上等，不一會兒，使者從下界帶來妻子，妻子就穿著死亡時的衣服。

「還穿著那時的衣服嗎？在花蓮供養你的時候，和符、金紙一起送給你的新衣服呢？」黃先生問道。

「我將新衣服保存的很好，我還是喜歡穿這件充滿回憶的衣服。」妻子如此回答。

之後雙方又聊了一些話，然後互道再會。當黃先生要回下界時，齊天大聖說：

「下次拿這個給守門者看，就可以自由進出。」

於是交給黃先生一塊如葫蘆形的木片，上面寫著「南天門出入證」。接過此木片後下降三層雲，回到自宅修行場的陽台。接著咻—地穿過窗戶，恢復原來靜坐的狀態。

從行中覺醒後，告訴盧先生這段經歷，得到褒獎「你終於做到了」。此後，黃先生獨自實行過幾次此術，都非常順利。聽他的話有種身歷其境之感，明白顯示出意識移往另一個世界（別的意識界）行的意義之一端。當然，最後會進入超越一切，什麼也沒有的世界，但聽聞此中間階段是最大收穫。

以上就是黃先生的經驗談，可當成修行轉識之行的參考資料。

接下來進入本書最後部分，中有之行。

第六章

從輪迴轉生出脫的技巧、中有之行

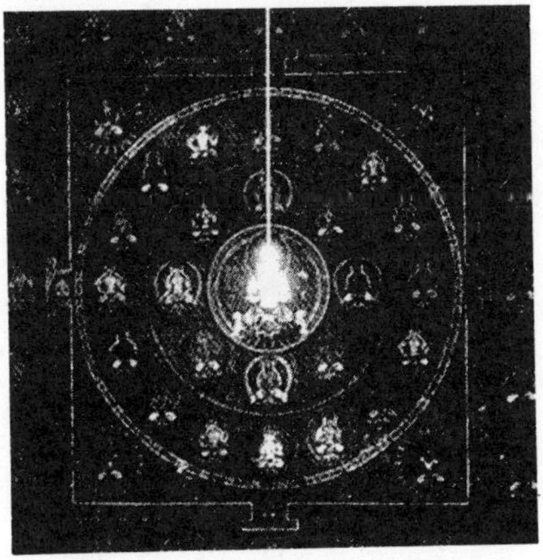

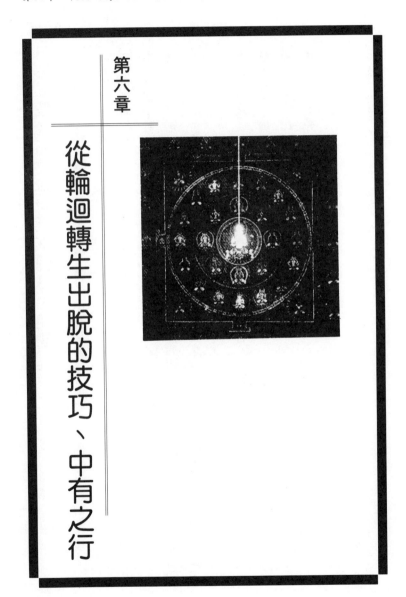

中有就是從死亡瞬間至下個轉生期間

與轉識均為六法最終階段的是中有之行。中有又稱為「中陰」，西藏語稱為bar-do。

什麼是中有？有六法說明如下：

「就是佛教稱人死之後，其靈、意識生成化身期間。中陰身（中有身）歷經七七四十九日的經驗稱爲中陰（中有）期或中陰（中有）境。」

從這一段得知，中有就是指死亡後至找到轉生路的四十九天。這四十九天期間，死者的靈魂（中有身）會依生前之業，看見各種意象，之後才進入下一個轉生處。這是西藏密教之說。

為什麼這種狀態稱為中有呢？因為其他還有生有、本有、死有等。

●生有……誕生時

●本有……存活期間

●死有……死亡時

中有就是接在死有之後。

著名的『西藏死者之書』，詳細敍述在中有體驗中出現的意象，引導死者轉生更順利。

六法中所說的中有之行，是與此完全相同之事，如果硬要舉出不同，大概如下：

▲六法的中有之行……被攏在與其他六法之行緊密接合的位置。其中也敍述陷於中有場合的失常狀態，但還是以不要陷入中有的技巧為主。

▲『西藏死者之書』……雖與其他六法之行有關係，但屬於獨立的形式，是他人（僧、法友）在枕邊唱，引導死者的形式。關於陷入中有境後的狀態，有非常詳細的敍述。

本書是介紹六法的中有之行，所以『西藏死者之書』中出現陷於中有境後的技巧，幾乎不論述，希望熟悉『西藏死者之書』的讀者了解。

中有之行與轉識一樣，是瀕臨死亡時實踐的行，但轉識與中有都一樣，如果根本沒做過，等死亡來臨時才開始著急，根本來不及了。所以在現在存活時，應實行至某種程度。

此行一般選擇下列環境：

「修行者在毫無光線的黑暗房間，或選擇洞窟，在裡面進行四十九天的專心瞑想。這段期間，除了助手（老師）或照顧者以外，不可有其他人靠近。

四十九天相當於中有的期間。修行者意象自己是死者，實踐此行後，會看見從實際死亡至中有過程中出現的種種意象，領悟其實體。」

具備相當規模的西藏密教寺院，大概都有這種設備。我在拉薩之行中，曾在布達拉宮見到這種場所。

這是位在布達拉宮中最下層的房間，經過樓梯後，終於到達幾個房間。據說這是屬於最

屹立於首都拉薩馬爾波里山丘上的莊嚴布達拉宮。

古老的部分，布達拉宮已有數百年歷史，在舊建築物上又增建新建築物，就是現在所見構造。

那真是黑暗的世界，根本沒有稱為窗的東西，只要門一關，就一片漆黑，也沒有半點聲響，靜得讓人耳朵發痛。

引導的喇嘛表示曾在此修行中有之行，如果一直待在此處修行，的確完全沒有普通感覺，結果就只看見平常看不見的意象或幻覺。其狀如下：

「這時候，修行者有回到子宮中的感覺。出入全暗的洞窟中，感覺就在黑暗的腹中，感覺明朗、溫暖、心情舒暢。」

「不久，修行者看見藍色的光（光明）出現，在其中膜拜毘盧遮那佛的尊顏。另外，在修行者的眼前，凡夫進入六道輪迴時的意象陸續出現。例如，陷入地獄界的意象是灰白色光；陷入餓鬼界的意象是光明佛手持燈火或火把；進入畜生界的意象時出現綠光；往人界再生時的意象是寶生佛所放的黃色光……」

歷經此過程，修行者理解死亡至中有的過程，學習不陷入中有的各種技巧。

構成人肉體的四要素

根據西藏密教所說，從死（斷氣狀態）至中有的過程中，會出現各種狀態、意象，這些是中有之行最重要的指針，以下是六法記述：

人瀕臨死亡時，首先是構成人的各種要素崩壞，從粗質（肉體）依序崩壞至細質（氣）。粗質、細質就是構成人的元素。

尼馬六法分為粗質五蘊（色、受、想、行、識）與四界（地界、水界、火界、風界↓與四大幾乎相同）的崩壞，以及細質四大崩壞兩種，記述細微。伽可派六法則統一為四大崩壞。這種表現其實已經足夠，所以，此處只說明四大的崩壞。

◆五大實體

四大是指地、火、水、風四項，實際上是加入空後稱為五大。這是從古代印度哲學得來的概念，構成這個宇宙一切物體之始均為這五大。雖與現代所謂元素想法相近，但用法相當抽象。

●地大……堅硬。莊嚴物。地基等。
●火大……具有激烈性質之物。熱物。
●水大……使一切清淨之物。育成之物。涼物。
●風大……活動物。無姿態物。
●空大……超越時空作用物。

換句話說，像現代物理學元素一般，並非因為是地，就只表示單純物質的土。另外，人體也由這五大組成，意義如下：

●地大……肌肉、皮膚等支持身體的組織及其作用。
●水大……體液。例如血液、唾液、各組織有水的部分。
●火大……體熱。即體溫。
●風大……指人體內的氣。

最後一個要素，空大好像在哪兒說過了。

「空與四大結合，存於結合狀態中。此空中有識，即意識。」

換句話說，空以潛藏在四大作用中的型式存在，這些識（意識作用）有密切關係。這種想法是密教生理學中相當重要之點，請牢記。

新生命因父母結合而宿於母胎，這是常識。照西藏密教的說法，地（肉）、水（體液）

、火（體溫）、風（氣）四大結合形成生命。

另外，「隨著人逐漸成長，結合愈堅固，活動愈旺盛，意識作用也漸高。」

人到死亡狀態時，這種結合狀態開始分解，這就是四大的崩壞。

「人死時，這四大首先分解，最後識（意識）離崩壞的身體而去。」

六法認為在此融解過程中，會出現以下意象：

「構成四大的各項元素陸續崩壞時，會出現煙、陽炎、螢、燈炎般意象，緩緩消滅。」

「這些都是隨地、水、火、風四大衰退而產生的現象。」

接著敍述四大一一崩壞時出現的狀態，詳細敍述其意象。

①地大的崩壞

人臨死呼吸停止，則地大開始崩壞。現代說法是指皮膚、肌肉等身體作用停止。

「地大陷入水大中時，身體如山重，隨之無法動彈。不，連支撐的能力也沒有，彷如大地崩裂一般。」

「地變成水，身體感到重壓。」

「此時，有地大往水大降下的知覺。這是肉體與意識牽連的消失。」

「外在感覺身體如山重，好像要下陷到何處一般。內在則如煙霧。」

總結此時狀態為——

▲身體感覺，

身體如山重。

身體有被擠壓的感覺。

感覺往下陷。

▲內在看見的意象，

看見如煙似霧般的景象。

此外，「地大陷入水中」、「地變為水」、「地大往水大下降」等表現立刻出現，這代表地大作用消失，移至下個水大崩壞作用階段之意。

②水大的崩壞

隨地大作用崩壞而來的是水大崩壞。這代表循環體內的體液作用停止。

「接著，水大退散，口、鼻均有乾燥感覺。」

「水大退散時，眼睛會流淚、口吐泡沫。」

「接著知覺水大下降至火大。口中感覺苦、鼻內感覺乾。」

「水大下陷至火大時，外在汗液、唾液漸漸消失，如乾枯一般。內在則看見蠕動如陽炎般之景。」

陷於此狀態則——

▲肉體方面，
唾液、汗等體液消失。
因此口、鼻乾燥。
口感覺苦、眼睛流淚排出水分。
▲內側看見的意象，
看見蠕動如陽炎般之景。
大致這種景象會在水大崩壞時看見。

③火大的崩壞

水大作用崩壞後，火大隨之開始崩壞。代表體溫等發生體熱的作用消失。
「接著陷於火大、風大。體溫消失。」
「再接著火退散，體溫愈降愈低。」
▲此時肉體的特徵，
體溫低下，不久即消失，據旁人描述為屍體體溫低下的樣子。

④風大的崩壞

火大崩壞之後，只剩四大中最後風大作用的崩壞。照現代說法為呼吸作用停止的狀態。
「風大散失，則四種氣（prāna）的一切集中在持命氣（命氣、命根氣）處，從肺消散。所以口、鼻的呼吸無法持續，只能出、不能入。喉嚨阻塞，只能發出模糊粗糙的聲音。」

「接著陷於風大、識大（或空大）中。」

「風與識融合時，外在氣息出入異常，幾乎沒有吸氣現象，甚至停止。內在則看見恍恍惚惚如燈火般朦朧景象。」

「風融入識」或「陷入風大、識大」等表現出現，是風大作用崩壞（即四大作用全部崩壞），只剩無識（留在空中）的空大作用狀態。

此狀態的意象如下：

▲肉體方面，

只有吐氣、沒有吸氣。

呼吸急迫。

喉嚨阻塞。

▲內側看見的意象，

看見恍惚如燈火般的狀態。

以上四種，亦即四大的崩壞，稱為「四種死相」。這些全部出現就是死的狀態。

◆記載於西藏密教書中的四大崩壞過程並非絕對

一般西藏密教書中，規則地列出這四種階段，但這只是基本原則，細節因人而異。

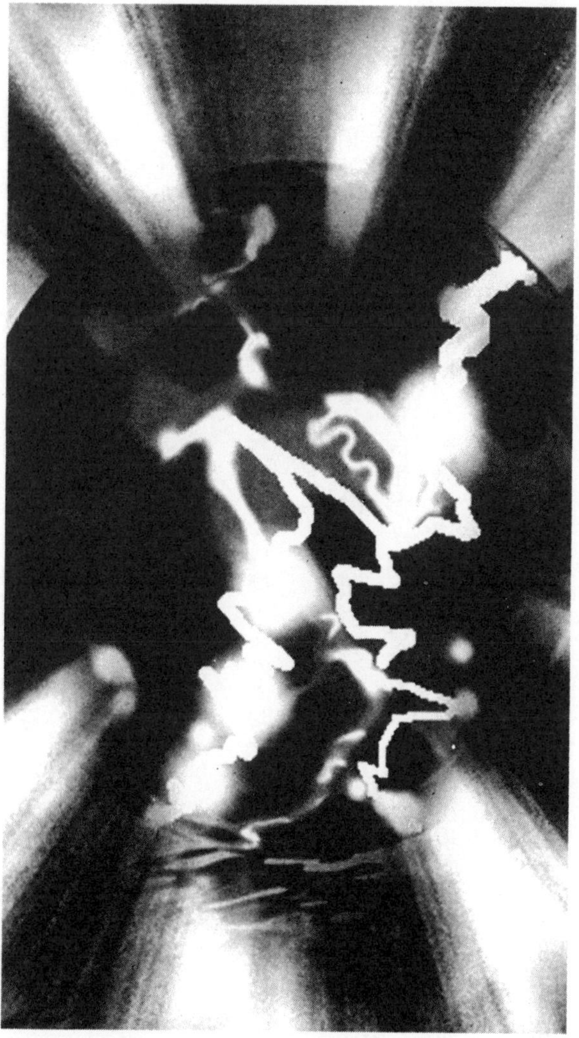

「這些有依序出現，也有四種在一瞬間同時出現的場合。」

順序也很零亂，因人不同，有時也可能跳過某階段而到下一個階段。

例如，一般順序為「水大→火大」，但也有人是「水大→風大」的順序。

「水融入風，則肉體方面，從手腳末端排熱，體溫逐漸下降。內側如螢火般感覺。」

體溫消失是火大的特徵，相同特徵也有出現於水大的情形。

「水變成火，身體感覺寒濕，就像浸在水中一樣。不久，這種感覺消失，從身體內向外如波濤般變成熱（潮熱）。」

接下來是火大的崩壞，但水大的特徵鼻乾、口燥，與火大的特徵，體熱消失（四肢冷卻）會一起出現。也許這二種狀態是同時出現的。

「火大作用消散，則鼻乾、口燥、四肢冷卻、頭上冒汗。」

也有火大和風大崩壞特徵一起出現的情形。以下就是例子：

「火變成風。此時身體受風吹，如細微塵埃般飛揚。體外也清楚出現劇烈變化，例如臉部肌肉弛緩、耳中聽到什麼聲音。呼吸愈來愈混亂，一切知覺逐漸消失。」

由此可知，四大崩壞的順序並不是絕對的，因人而異，有些前後掉換、有些前後重疊，也會出現境界不分明的感覺。

從死亡至中有過程中出現的各種意象

構成肉體四大作用一切崩壞後，人吐出最後一口氣，呼吸完全停止。但並不是立刻進入中有狀態。呼吸停止之後，體內還有風，亦即氣的能量殘留。雖不能呼吸，但意識還呈現留在肉體內的狀態。

在這種狀態下，會出現各種意象，六法稱為光境（白）、燃境（紅）、持境（黑）等。尼馬派六法則稱為現境（白）、增境（紅）、得境（黑）。經過這些境後，最後出現耀眼的閃亮光（淨光明）。這時才是完全死的狀態，意識脫離肉體，開始進入中有狀態。

以下就光、燃、持三境的意象詳細說明：

◆光境的出現……白色或月的意象

最後氣息停止，則光的意象出現，這種像白光或「月亮光」，意象為極淡的光較好。尼馬六法表現為「無雲的晴空中，出現皎潔月亮發射光芒的幻像」。六法則形容為「外在出現如月般的光（光明），內側看見如煙、霧般之景」。不管怎麼說，將其想成有如月亮光般極淡的白色光就沒錯。

此外，雖說是外、內表現，但這種和四大崩壞時一樣，解釋成體外（方向）、體內（方向）最好。內火之行的意象中已經有此指示例。

「爆發時的火花……這是黃色。月光……這是白色。太陽光……這是紅色。土星光……這是藍色。閃電……這是淡紅色。這些鮮艷的光成圓形，有時擴大包圍在行者周圍。」

「鮮艷圓形」可解釋為內側（體內方向）。因為接著「有時」和「擴大包圍在行者周圍（既然是包圍，就是體外方向）」連接，故視為外側。

接下來明亮，這時出現的各種光意象，與死亡至中有過程中出現的意象相通。

這種光境的意象，藉由位於頭頂的白明點（在內火之行中出現過！），下降至中脈而發生。

依尼馬派的『大圓滿廣大心要』記述——

「那個人的意識已經消散，但並非完全沒有，而是正當這時候，位於頭頂的白菩提（白明點）下降，進入心部（中脈上）。在這瞬間，外側出現映在晴朗天空中的白色透明月亮意象。」

西藏密教將白菩提以白色精液（thig-le）表現，這來自父親，因此又名「白色父親的精滴」。下降之後就呈現——

「嗔等妄念三十三種破滅，找也找不到」的狀態。

換言之，造成此形的是「嗔」（無知之怒）的思想，這隨著四大崩壞而消逝。

◆燃境的出現……紅色或太陽色的意象

光境出現不久即出現別的狀態，這種為燃境，是紅色或相當於日光的鮮明意象。

尼馬六法以「在萬里無雲的晴朗夜空中，黃色與紅色混合的太陽光照在臉上的意象」表現。

六法則以「外側如太陽光照射般，內側看見如飛舞的螢光」表現。

這種紅色意象，據稱是由位於臍處的紅明點而引起。

『大圓滿廣大心要』記述如下：

「臍中也有紅菩提（紅明點），上升入心。則外側出現晴空中如太陽光般的紅色。」

紅菩提普通以紅色精液（thig-le）表現，這來自母親，也稱為「紅色母親的精滴」。

「此時會湧上愉快舒服的感情，貪等四十種妄念也隨之破滅。」

這是「貪」思想的形成。

◆持境的出現……黑或暗的意象

燃境後不久即出現第三種意象，稱為持境。是黑或「如黃昏時般暗」的意象表現狀態。

尼馬六法以「晴天的傍晚、無雲的黃昏，陰暗覆蓋四處」表現。

六法則採取「外側感覺有白天月蝕的太陽，或出現在白天的月影。內側看見油燈被半透明燈罩覆蓋之景」的表現。

但關於這部分，也有藍色的記述，似乎比黑更接近此意象。的確，想想「黃昏」時的顏色，藍色好像更正確。但提到暗的問題，又覺得二者均可，所以採用習慣表現的「黑」。

此狀態以被黑暗覆蓋的意象為佳。

這種黑的意象，是藉由白與紅二明點在心中交會而出現，照尼馬派的『大圓滿廣大心要』記述：

「白、紅二菩提（明點）在心的部分會合，此時，周圍突然黑暗，如二十九日（看不見月的夜晚）夜晚。這個時候，內在意識消失。」

最後「內在意識消失」是重點，必須記住意象此狀態的特徵「暗（黑／藍）」。

◆淨光明（清淨光明）的出現

持續之後，出現鮮明光意象，這稱為淨光明（清淨光明）。六法表現如下：

「外側感覺如日出時破曉的鮮明光，內側看見秋天無雲的晴空。」

尼馬六法以「黎明的晴空、無月色、無太陽色、無黃昏陰暗的狀態」表現。

再來看看『大圓滿廣大心要』的記述：

「意識一度沈於黑暗谷底後，不久，光明出現，這是因為白、紅二菩提（明點）在心部融合發光之故。」

六法稱此光為死光明或死亡的光明（死亡時的光明）。看見此光是經過四大崩壞、三境後，到達完全死亡狀態的證明。

「行者臨死時，身體各大元素及各種物質依序消融分解，產生各種粗細證兆，最後經過黑暗產生死亡的光明」（尼克六法）

這種光，亦即淨光明（死光明），是佛教所說空的狀態（絕對空、一切空），人的意識遠離一切束縛、一切汚染。

「你體驗淨光的實相，這種狀態在虛空中，如無雲的晴空。你現在的意識完全潔白，無絲毫缺點，就像真空一樣。全體透明，無中心亦無止境。這時候的你，感覺就像在清淨的光中。」

「初期的明光，亦即屬於實相，成為光輝法身。」

換言之，此光（光明）是真實的狀態（實相），其人亦為法身（空的實體）。

◆初期光明持續時間

這種淨光明，也就是初期光明的狀態並非長久持續，不一會兒就結束了。

「修行程度淺，無法清楚認識的人，只在一剎那就結束此狀態。」

但藉著生前體質，具有的氣威力、修行程度等，可以持續長久時間。

「初期光明狀態是否能長時間停留，端視個人體力、脈、內火能量的強弱而定。如果死者氣威力很強，或生前修行程度高，則可持續相當久。」

「初期光明狀態是否能長時間停留，依死者脈流的氣威力而定，另外也與生前是否有聞法機會有關。」

精神、肉體條件好的人，初期光明狀態停留時間長，「修行而具有定力（行的威力）的人，此狀態能夠延長」。

◆陷入中有鏡

在此狀態時，修行過六法的人可以實行中有之行的技巧，如此則可從中有之境解脫。如果自力無法達成，就只好請修行過的人幫忙。一旦失敗，則此人就陷於中有之境。

「這時候行無成就，則會歷經意識喪失的狀態，轉生中陰（中有）身。」

所謂中陰身，就是中有狀態時出現的幻身（濁幻身），已經在幻身處敍述過。

「光明出現、消失後，立刻進入中陰狀態。亦即行者此時陷於中有境，凡俗的中有體（中陰身）出現。」

「光變化為暗，但仍可能識別。同時，死者的意識從九竅（九個洞穴）之一出脫，成為中有之體（中陰身）。」

此文「從九竅之一出脫」部分最重要，剩下的風（氣）從中脈流入左右脈，再從頭頂（梵穴）以外出脫。不論是否進入中有境，都與此有關。換言之，剩下的風聚集在中脈，到頭頂出外解脫。流入左右脈從其他竅（穴）出脫則成為中有的狀態。

變成這樣的最大原因，是因為產生無知、迷惘、各種妄想邪念之故。

「如果不了解淨光明的出現，就會產生各種迷惘心，例如各種無明、貪欲、嗔心等。如此一來，濁光明（暗光明）便會出現。

濁光明的層次比淨光明低，就像雲遮住光一樣。代表死者尚未領悟，自己遮住了淨光明的光輝。」

濁光明相對於淨光明稱之為初期光明，因此稱為後期光明。

「此光稱為後期光明。」

後期光明的出現，是其人陷入中有狀態的證據。

以後的狀態是『西藏死者之書』的範圍，本書不提及，以後有機會再述。

在中有之行的初期階段使用的各種技巧

中有之行，一般必須在最後一口氣停止後立即實行。由於生前無法模擬試驗，所以如一開始提到的，必須在最適合行的場所意象此狀態。

一般中有之行的傳統技巧如下：

▲法身的技巧……正式稱為臨死時的中有（chi-kái bardo），漢譯為「證入中有境之法身」。淨光明的出現，亦即法身狀態出現時，藉著轉識而自己出脫。

▲報身的技巧……正式稱為空性或法性的中有（chos-nyis bardo），漢譯為「證入中

有境之報身」。這是陷入中有狀態後實行的技巧。意識經過的狀態，並從此逃脫。

▲化身的技巧……正式稱為輪迴或存在的中有（srid-pái bardo），漢譯為「證入中有境之化身」，另外別名轉生的技巧。是完全陷入中有境，無法從其中出脫的人實踐之技巧。藉他人（僧、法友）之助，引導至更佳的輪迴狀態。是『西藏死者之書』中詳細介紹的技巧。

對於西藏密教而言，最佳狀況是生前完成解脫，完全不用這種技巧的人，從內火完成至轉識，完全不必用中有之行技巧的人就是最佳狀態。但這是理想論，雖然這麼希望，卻可能達不到此程度，所以大多數人還是用心於中有之行比較好。

傳統中有之行的分類不過是一項指針而已，從死亡到中有的過程很繁瑣，如果不運用一點融通技巧，則很難超越。本書朝更多岐的方向前進。

首先從完成內火以外其他行的人之中有行技巧開始論述。

◆完成六法以外其他行的人之技巧

一言之蔽之，中有之行就是縱橫無礙地利用其他六法之行的技巧，也可稱為這些的應用法。因此，如果想實行此行，就必須以其他一切六法之行為基礎。任何行均對中有之行有利，此處列舉特別重要部分。

▲轉識的實行

對轉識有自信的人，四大解散之後立刻實行，藉此可以從至中有的過程中解脫。

「……四大開始崩壞時，立刻修行波瓦，一定可以往生。」

此時必須注意的是意識的狀態，不可恐懼、執著。

意識控制在任何行都是很重要的一環，尤其是從死亡至中有的過程，決定了陷入的方向，絕對不可大意。因此，任何六法書都不厭其煩地論述，想必各位已經了解，此處再介紹其技巧。

▲意識控制法

這就是無心的技巧，也是達到三摩地境地的技巧。具體而言實行如下：

①**意識呈空**……意識完全停止，一切思考作用完全停止。

死亡時突然進行是不可能的，所以生前必須充分練習瞑想，讓意識完全消失。

②**捨棄執著心**……一言以蔽之，就是捨棄生存時具有的慾心，例如，對於剩餘金錢的想法、對家人或親人的思念，對自己想做、未做事情的思考……等等，包含一切好事、壞事的思索。當然，憎恨、嫉妒等更是應該捨棄的對象。

▲實踐幻身之行／做夢之行

事實上，意識呈空的技巧，對於進行幻身或做夢之行的人而言，已經習慣了。六法記述如下：

「修習幻身、做夢之行可達空性。」

如果現在對捨棄執著、心處於無狀態無自信的人，最好再回到第四章實踐意識之行。

利用子母光明合一從中有脫離的技巧

▲子光明的出現

熟練六法之行的人，從死亡至中有過程中，會出現子光明，利用此可從中有過程簡單脫離。

什麼是子光明？六法記述如下：

「子光（子光明），就是自己的清淨法性身。」

換言之，子光明就是自己沒被取走的意識（意識體）。

尼克六法說：

「子光明就是道光明。」

道光明是在修行後發生的光明。最好解釋為因修行六法而產生的光明，可藉由實踐空觀（使心靈呈空的技巧）或「狄洛巴」的六不法而出現。

六不法就是「不想像、不思慮、不分別、不禪定、不回憶、不動念」六樣。

●不想像……使想像力不作用。

●不思慮……什麼也不想、不煩惱。
●不分別……心中沒有區別。
●不禪定……不是不實行禪定之意，而是不實行只有形式的禪定，進入真實禪的境地。
●不回憶……不想過去。不追憶。
●不動念……使意識不動。

一看就知道，這些是前述使意識呈空的技巧。不論六法的哪種行，都要仔細實踐意識行，子光明亦即內在光才會發生。

▲母淨光出現

死亡之際子光明出現時，更有鮮艷光出現在身體外側，這稱為母光明。

「因子光的出現……母光得到感應而接近。」

此光明不是自己本身的意識，據西藏密教說法，這是宇宙意識。

「母光，亦即宇宙至上的意識身。」

西藏密教學者表示，子光明就是印度哲學所說的靈魂（Atman），母光明則相當於梵天（Brahman，創造之神，印度教三主神之一）。

這對不熟悉印度哲學的人而言，是不太容易明白的比喻，再想想別的比喻吧！例如，修行心為空（無）的人，如果將自己的意識（個人的深層意識）當成子光明，則母光明就是容

格（Carl Gustav Jung 一八七五～一九六一）心理學中所說集合的無意識。

▲母子淨光合一

母子二種光明出現後，互相拉近呈一體化，其過程為中脈↓頭頂的梵穴。

「因為子光的出現，宇宙至上意識的母光也得到感應而靠近。子光從中脈旋轉上升，再從頭頂出脫，藉此子光與母光合一。也就是留在淨光明境地成功，這就是中有之行成功的證明。」

六法稱母光明與子光明合一為「和合光明（果淨光）」。藉此，其人不入中有境地，而就此解脫，往無色界（空的境地）去。

那麼，為什麼關於中有之行，要實行子光明與母光明合一，六法記述其理由如下：

「初期的明光（光明）屬於實相。成為光輝法身。」

亦即母光明（初期光明、基本光明）為實相（空的狀態），也是法身（真理之姿），如果使子光明（修行人的意識）融入，則進入解脫狀態（領悟）。

▲使子母光明合一成功必要之行

為了使此技巧成功，進行以下六法之行有助益：

①**內火之行**……必須經常進行內火之行，以使子母光明合一成功。

「尚未明瞭法身光明狀態者，請修行氣、脈、明點的開發，如此可進入空樂分的平等境地，達到光明合一的目的。」

「『三信念』中敍述……為了使母光明與子光明混合，在生前覺醒之時，要將氣送至中脈，使其停留、充分融入。」（尼克六法）

②**做夢之行**……藉做夢之行可使子母光明合一，尼克六法敍述：

「熟睡時，我們很容易使子母光明合一，藉著此技巧，可在死亡時容易修中有之行。」

③**光明之行**……光明之行也是使此技巧成功不可或缺的一環。

「修行光明之行可以認識光明，藉此在死亡之際必可把握光明狀態。」

事實上，子光明、母光明是從光明之行而來的概念。關於此將在本章最後再次詳述。

利用幻身與光明從中有脫離的技巧

熟習六法修行之人，在死亡時體驗子光明與母光明合一，從中有境地脫離……前已敍述。此處再介紹使用光明與幻身二方面技巧。事實上，光明與幻身的關係很深，請看下面一段。

「普通，人在死亡時，身上各大元素及各種物質組織陸續消失。之後，在極短的時間內，死亡光明出現，產生幻身。」

此節敍述死亡時的光明，亦即淨光明發生後幻身出現。幻身是光明的產物。

「光明變為內心的主要氣，使幻身產生。」

只不過此處所說的幻身、光明，是沒修行的人，或不會此行的人之幻身與光明，與之後敍述的中有之行幻身、光明不同。其不同點如下：

▲一般人從死亡至中有過程中出現的光明與幻身

●光明……死亡的光明↓只出現此光明。

●幻身……接受死亡光明的能量出現的幻身（中有身、中陰身）↓幻身之行的濁幻身。

☆無意識也會在死亡至中有過程中自然出現。

▲修行者死亡至中有過程中出現的光明與幻身

●光明……子光明（自己的意識光輝）＋母光明（死亡的光明）↓二種光明出現。

●幻身……藉著子光明具有空性而出現的空識身（本尊身）↓在幻身之行第二階段出現的淨幻身。

☆如非充分訓練、實行意識的技巧，則不會出現。

將這二種（凡夫與修行者）光明與幻身關係置於念頭中，思考使其結合的深奧技巧。

◆光明與幻身的合一技巧

①心變成光明狀態……關於此技巧，最笨的是使子光明出現。

「行者把握死亡的光明，使行者之心變成光明。」（尼克六法）

此處所說「死亡的光明」是母光明，「行者之心變成光明……」是指子光明。當然，這階段還沒出現任何光明，要如何使行者的心變成光明呢？就是前述之捨棄執著、實行意識的空化（六不空）。

②本尊身（幻身）的出現……接受其作用，則

「使真正的本尊身（佛父、佛母身）出現。本尊身是從粗糙身體形成的幻身（濁幻身）脫離之物。」（尼克六法）

關於本尊身已在幻身處說明過了，就是被淨化的幻身。

「這是體內物質元素（四大）消失後，由細微的心與氣構成的空色身。」

本尊身是依下列步驟前進的重要媒體，以下步驟就是與光明合一。

③母光明的出現

「幻身之後，得光明之證。」

這是幻身出現之後，光明再度出現。

由於西藏密教沒有一一說明，所以很難解釋，但此處的光明就是母光明，母光明終於出現了。

④使幻身融入光明（母光明）……母光明出現，則使之融入本尊身的幻身，使其一體化。此時意識一定要處於空的狀態，充分修行幻身之行的人，已經完成這部分，所以自然合一。

「這是本尊身與光明圓融（完全融合）的最高境地。」

此為前述之子光明與母光明合一狀態。

「行者不進入死亡時的中有境界，獲得解脫。」

也就是，向中有完全解脫的狀態。

以上過程，尼克六法分類如下：

●幻身……幻身的出現→濁幻身變為淨幻身或空色身。技巧是使意識呈空。

●光明……光明的出現。依右列技巧使母光明接近。

●圓融……幻身融入光明中。

陷於中有境者的出脫技巧

達到某種修行程度的人，從死亡到中有境的過程中，可以實行各種技巧。但以下介紹的是高程度者所使用的方法，只是程度高低並非單純的能力、技巧，而是指意識的程度。

經常施行行，技巧也很熟練，但由於意識程度低而導致失敗時，就非得移往另一階段技術不可，以下就介紹適合這些人的技巧。

大致場合如下：

「如果不理解淨光的出現，就會產生各種迷惘心，例如各種無明、貪慾、嗔心等。因此

在中有會出現濁光明。此光比淨光明劣等，就好像雲遮住光的狀態。這種狀態出現，代表死者尚未領悟，自己本身的意識（不悟的意識）覆蓋了淨光明的光輝。」

如前所述，此光相對於淨光明的初期光明，又稱為後期光明。

「光變成暗，但可以識別，同時死者的意識從九竅（九個孔）之一出脫，成為中有之體（中陰身）。」

此光一言以蔽之，就是淨光明轉暗，已經無法看見後期光明，不久即陷入中有境。肉體方面而言，剩餘的氣從中脈流到左右脈，不從頭頂，而從其他九竅出脫。此時成為濁幻身的中有體（中有身、中陰身）。

不過這時還有挽救之道。立刻放空意識，使其身變為本尊身，實行三步反觀瑜伽。

「此時死者領悟自己陷於中有境，使自己變為本尊，意識放空，回顧真言等，一心修行，如此一來，其身即可能置於淨光境中。追求完全的成就，修習三步反觀瑜伽。」

◆三步反觀瑜伽的實行

①首先反向觀想光、燃、持三種意象。亦即按黑昏→紅日→白月順序意象。

②接著觀想死後狀態。從相反方向意象死亡至中有境的狀態。

「我現在在何處？我究竟是何人？我歷經各種境，究竟是什麼？」

為什麼做這些事呢？因為陷於此境界則認識力低下，這是使自己清楚目的之行。

③就這麼實行轉識，亦即波瓦，從頭頂的梵穴出現。但應從生前經常練習，使技巧完全純熟。

六法敍述三步反觀瑜伽為「三種光明（白如月、紅如日、黑昏），亦即光、燃、持境出現前必須實行」。反向順著三境，在四大崩壞結束時實行。

④因為意識程度低，如果這也完全失敗、陷入中有境，就已經沒辦法出脫了。這時有必要請德高之人（喇嘛、法友）引導。此技巧屬於『西藏死者之書』的技巧，此處不論述。

中有之行的意象全部來自光明之行?!

仔細實行六法之行的人，子光明與母光明會出現，這是普通人死亡過程中絕對見不到的。『西藏死者之書』表示這種意象是中有之行特有之物，其實這全部來自「光明之行」。只不過，光明之行二種光出現的順序與中有之行的場合相反。首先是母光明出現，之後才由母光明產生子光明，類似母生子的狀態，因此稱為母光明、子光明。

其關係如下：

●光明之行……修行→母光明出現→子光明出現

●中有之行……臨死狀態→子光明出現→母光明出現

前述之淨光明，亦即死亡時的光明（死光明），就是這個母光明。

「死亡時的基本光明，是母光明」（尼克六法）

沒有修行的人只會出現這種母光明，因此不能單純稱為淨光明。

從死亡至中有過程中出現的「〇〇光明」或「〇〇意象」，幾乎都與光明之行有關。

例如光、燃、持三境，在光明之行中也出現（實際上這是基本）。請看以下說明，光明之行的三境。

●光境……清楚掌握母淨光的階段（境地）。這是一開始感覺光的狀態，稱為「光」。

●燃境……變化為鮮明光輝的意象階段（境地）。看起來如燃燒般的狀態。

●持境……鮮明意象持續的階段（境地）。因為可以一直維持此種狀態（看見光的狀態），所以稱為「持」。

看見此就知道，三境（加入境光明成四態）事實上是一種光明，只不過是母光明（基本、根本光明）的變化而已。

「持」，相對於中有之行的黑暗意象，這是光明之行。說明如下：

「在睡眠與覺醒之間的狀態時，知覺根本光明（母光明）是光境。睡眠狀態稱為燃境。深入睡眠稱為持境。進入這種熟睡狀態下所出現的鮮明光稱為母光明。」

這是光明之行的睡眠修法（睡眠狀態時實行之行）的解說，從此記述可知，母光明與全體有關的同時，其本身也再度上場。

尼克六法的光明之行（睡眠修法），一開始就分為現（光）、增（燃）、得（持）、光明四類，提供各位參考。

「現是白色（顯空）、增是紅黃色（廣空）、得是暗（大空）、光是再出現光明（全體空、一切空）。」

接下來要說，相當於三境處出現的白菩提、紅菩提之白色（現）、紅色（增）、紅白合一的黑（得）色意象法，也在光明之行中出現。此處不加以論述，請參考別著『西藏密教做夢法』。

由上述可知，中有之行各意象均為光明之行的意象，原封不動地照用……。六法中有一段可以證明：

「修行光明之行可以認識光明（內在光），藉此把握死亡時出現的各種狀態。」

死亡時出現的狀態，是死亡至中有過程中出現的各種意象。換言之，光明之行體驗之狀態也會在中有之行中出現。

『西藏死者之書』只就中有之行說明，其各種意象複雜而零亂，看不出整體大綱，但若與基本的光明之行比較來看，就會發現其相關之處。中有之行與其他六法的關連有必要了解，想必各位都已經清楚了。

不論光明之行或中有之行，事實上都只是一種內在光（光明）的種種相記述而已，各種變化的樣子細分為三境、淨光明、死的光明、子光明、母光明等等。

最後為了讓讀者更清楚，將中有之行出現的光明各意象彙總如下：

▲**基本光明**、**根本光明**、**淨光明**……都指同一物，就是瞑想時，或臨死狀態看見的光。在六法之書各部分均提及。

▲**母光明**……與右述基本光明（根本、淨）完全一樣，此表現用於與子光明區別。

▲**死的光明**（死亡光明）、**初期光明**……均指同一物。與右敍基本（根本、淨）光明完全一樣，用於中有境地過程中所見的光明。

▲**濁光明**（暗光明）、**後期光明**……這是死亡光明變質，失去光色的狀態。不是死亡光明個別存在，只不過是變質而已。一般用於基本光明稱為初期光明時。

▲**子光明**、**道光明**……子光明是只有修行人才會看見的母光明（基本光明）之衍生（派生光）。道光明是出現在修行人的光明。

▲**和合光明**（果淨光）……母光明與子光明合一之物。本來分開又結合。

▲**光境**、**燃境**、**持境**……這些是記述基本光明（母光明、死的光明）意象變化的過程。為基本光明。

另外，漢譯多將光明譯為淨光、明光、光等，各種說法意義均相同。一切都是指閉上眼睛的狀態下看見的內在光。

了解這層道理後，就會知道臨死體驗時光的出現（西方所謂的天使出現），與『西藏死者之書』中所出現光的體驗，完全是同樣東西。

換句話說，都是一種光。只不過『西藏死者之書』的場合，是以「光明之行」意象為基礎分類，將光的狀態細分，感覺有點複雜。

這樣清楚了吧！不是幽靈的正體……實體就是如此。以後如果有其他人出版西藏密教的書，請各位不妨參考看看。

中有之行諸意象與幻身之行意象一致

從死亡至中有過程中看見的各種意象，實際上就是從光明之行來的東西，各位應該有這層認識。換言之，中有之行與光明之行是由共通的意象體驗成立。

事實上，不能只單說光明之行，對於幻身之行也一樣。請閱讀以下有關幻身的章節。

「普通，人在死亡時，其身上諸大元素及各種物質組織陸續消失融合。之後，在極短的時間內，出現死亡光明、產生幻身。」

「光明是在心靈處主要的氣變化，使幻身產生。」

這些都是在幻身之行處出現的章節。幻身的生成過程如下：

「首先，如陽炎般之物出現，此陽炎帶來五種顏色的光。接著，如月亮般的光出現。第三項出現的是如鮮明太陽光般的光。幻身在這各種意象後出現。」

還有另一段——

「進入此境地如煙似霧，或者出現五種光芒。」

此文也在幻身之行處出現，取自『五支摘要闡釋』一書。希望各位閱讀的是從陽炎開始的光記述。

①陽炎帶來五種光……。

②進入此境地則如煙似霧般的……出現。

③接著出現如月亮般的光……。

④第三項出現的是鮮明如太陽的光……。

⑤或者五種光芒出現……。

其中①陽炎的光指以下現象：

「霧、煙、海市蜃樓、陽炎、日出微光、晴天的藍空般顏色。」

另外，①和④出現的五種光或五種光芒，指以下現象：

「爆發時的火柱、月光、太陽光、土星光、閃電。」

是不是有印象在哪裡看過？

對，在死至中有過程中見過，是四大崩壞至三境出現的各種意象。

四大崩壞是身體變重（地大的崩壞）、鼻乾口渴（水大的崩壞）等各種肉體兆候，除此之外，還有如下內在意象，還記得吧！

「看見薄煙或霧般的景象」（地大的崩壞）

「看見如蠕動陽炎般的景象」（水大的崩壞）

「模糊如燈火般的景象」（風大的崩壞）

「感覺如螢火般的東西」（水大風大的崩壞）

月光、太陽光、晴空等意冡，這裡不必再贅述了吧！就是普通從死亡至中有過程中出現的三境意象。

●光境……月光的意象

●持境……日光的意象

●燃境……黑暗的意象

●淨光明……晴天藍空般的顏色

幻身之行與從死亡至中有過程中出現的各種意象，連細部都一樣。

總而言之，不論幻身之行也好，從死亡至中有的過程也罷，所體驗的各種意象均相通。

那羅六法一切行是由共通體驗、意象組成的嗎？

從死亡至中有的過程，亦即從三境至淨光明出現，為光明之行的意象。而從四大崩壞至三淨、淨光明的出現意象，與幻身之行幾乎一致。至此，可能有些人覺得混亂，以下就為各位解明。

事實上，不僅幻身之行，內火之行也與這些沒什麼不同，看看下面這一段。

「進入第二階段後不久，妄想、空想等完全消滅，心靈到達靜寂階段。這是心動完全停止的狀態，亦即所謂三摩地（samādhi）的境地。進入此境地後，處於瞑想狀態，不論有沒有閉上眼睛，都會看見煙霧或光一般的景象。」

這是我在內火之行處所寫，內火第三期狀態的說明。

最後部分「煙霧或光般的景象」如下：

「煙、霧、海市蜃樓、陽炎、暈光、燈光、拂曉太陽光、放暗的天空等各種意象，都會在瞑想中看見。」

這就是在幻身之行中出現的意象。這也是從死亡至中有之間四大崩壞時出現的內在意象。再接著——

「還可看見以下五種光……」

「爆發時的火花……這是黃色。月光……這是白色。太陽光……這是紅色。土星光……這是藍色。閃電……這是淡紅色。這些光看起來鮮艷、圓形，有時擴大包圍行者周圍。」

這也是出現在內火之行處的一節，根本是淨光明與三境出現階段的意象。

總而言之，死亡至中有過程中看見的意象，與修行內光之行過程中看見的意象完全相同……。

不但如此，還有以下部分：

「在此場所意象ㄎ（ca）字。字細如毛髮，大小比小指頭指甲還小，色紅。」

這是出現於內火意象中的臍輪紅ㄎ字意象法。

「頂輪的千葉蓮中有ཧཱུྃ（hum）字，色白。」

這同樣也是頂輪白ཧཱུྃ字的意象法。

與這些相同的記述，在死亡至中有過程出現。

「那人意識已經消散，但並非完全喪失。正在此時，位於頭頂的白菩提（白明點）下降，進入心部（中脈上）。在這一瞬間，在外側出現映於晴空的白月意象。」

這是出現於光境意象處的白色精液（白色的父親精滴）之記述。

「此外，臍心也有紅菩提（紅明點），上升進入心部。此時，外側出現晴空中太陽般的紅色。」

這也是同樣出現於燃境處的紅色精液（紅色的母親精滴）之記述。

不用看內火處出現的臍輪紅、頭頂白二部分，其均為共通。

看中有之行的說明，頭頂的白菩提是其人與生俱來得自父親，臍輪的紅菩提得自母親。死亡至中有過程，隨著肉體作用的崩壞，這些從原來場所飛走，但內火之行可以藉著意象法而使之覺醒。雖有四大（支持肉體的作用）崩壞，但又有任意（中有）與意識（內火）……之不同，只是對象相同（明點）。

談論至此已經足夠。總而言之，不是六法各部分都出現相似意象這麼單純，而是修行六法之行，不論什麼行都可以得到相同意象、相同體驗。而這也正是六法的一大特徵。

各位完全了解六法的構造及內容了吧！本書一開始就提到，只要行六法任何一行，其他行即可自然精通，就是這個意思。乍看之下零零散散的行，其實均可帶來共通的效果，這種不可思議的行之構造，正是六法的特徵。

請務必體驗六法深奧部分，那裡正潛藏著解開生死、輪迴之謎的關鍵。

後記

我本來是專門研究中國仙道的人，根本是密教的門外漢，只對行的部分專長。因為西藏密教的根本之行（究竟）與中國仙道之行如親戚般類似。

例如，西藏的內火之行，與仙道的小周天、大周天等完全一樣，其內火上升、下降，練氣後內在光出現均相通。

幻身、轉識之行與仙道的出神之行也很相似，貫穿中脈開頭頂（開頂）、幻身與陽神（仙道）的出現等等，都出現完全類似的技巧。關於氣的規則細部有相異部分，但整體而言，西藏密教與仙道是親戚關係。西藏密教有而仙道無的，只有做夢之行與中有之行。

關於仙道，本書幾乎沒有觸及，有興趣者可自行參考拙著『秘法！超級仙道入門』、『仙道鍊金術房中法』、『仙道奇蹟超幻像』。（大展出版社出版）

我從十幾年前開始研究西藏密教，對於仙道之行出現不明點的時候，竟然可以在西藏密教之行中簡單地找出答案。

但對我而言，西藏密教只不過是除了一部分行（做夢之行……這很正式地進行）之外的輔助而已，所以我儘量沈默，沒必要絕不在自著中提及。因為怕亂寫會遭受「門外漢的仙道家在胡說什麼啊！」之指責。我一直期待知識豐富的專家寫密教行法之書。

但一直等不到適合門外漢的簡易密教行法之書。於是我才像寫仙道入門書一般，著手出版向現代人說明西藏密教的書，也就是從現代人的立場改編複雜、零亂的西藏密教行法書。

這種書在中國出版不少，他們將繁瑣的西藏密教之行，改編成新的行或氣功法（西藏氣功或密教氣功等）。我也從十幾年前開始閱讀這種書。

西藏密教專家也許會指責，為什麼不用原書。我稍微懂西藏語（研究拉薩方言及阿姆特方言），並非完全不會，但以中文為中心的理由如下：

首先，中文具有悠久歷史（西藏密教從元朝就實行於中國本土），關於西藏語有豐富的文獻。與此比較起來，日文幾乎可說等於「無」。這對於熟悉中文的我而言，沒有不用的道理。

第二項，中文有許多簡易西藏密教的書。因為西藏密教對外開放秘傳時期（十九～二十世紀），不只歐美，陸陸續續有許多喇嘛至中國本土傳教之故。他們對完全沒有西藏密教素養的中國人，詳細解說行的技巧，而其中國弟子更將說明改編成適合一般大衆的解說。因此，易懂的西藏密教書本不斷發行。

關於這一點，本家之西藏狀況就不太好了，不論哪一派的喇嘛都只口授、面傳，根本沒有適合外行人看的行法書（在外國的另當別論，真奇怪！）。

本書主要採用西藏密教當中，最具有體系的伽可派那羅六法之行。除此之外，也參考尼克六法、尼馬六法後再自行編寫。可說非常嚴密的本書之行，不僅那羅六法，也包含適合現代人的西藏密教「六法」。

利用到的有漢譯各六法與其註釋書，以及現在中國、台灣實行之密教氣功（宗教修行法的一部分）中與六法有關係的部分。當然，除了這些非正式的之外，也參照正式的『大乘要道密集』經典群。

另外，英譯六法如Evans Wentz的『Tibetan Yoga and Secret Doctrines』與Herbert V Guenther的『The Life and Teaching of Naaropa』也是利用範圍。

最後更詳細地閱讀西藏語那羅六法原書，以確認用語。

為了更了解實行之行，聽聞許多人的經驗，關於此已在本文中記述。他們是我仙道、密教的良友，從相互切磋中得到精彩的體驗。

今後我仍將繼續寫簡易行之書，只要獨自學習，保證必可達到良好境界。這點我可以從前輩的立場清楚地下斷言。

執著於老師的人，我介紹以下學習西藏密教之處供各位參考：

▲學習日本真言密教的觀想法→在高野山大師教會，有阿字觀教室，參加熟悉觀想法之後，再獨自依本書練習最好。

▲參加大都會中偶爾舉辦的西藏密教講座↓布格斯・艾索德利卡・西里斯的『西藏密教本』（學研刊）中有介紹。

▲到歐美西藏密教道場看看↓偶爾可參加正式的講習。關於此請直接到美國查詢。與精神世界有關的書店有詳細資料。

▲到印度、尼泊爾、蘇丹等西藏寺廟↓這不太推薦，因為多半只有西藏語行得通。但實際走訪，如果能以英語溝通的話，倒是很好的入門。最好先到印度的布達卡亞（西藏寺）或達拉姆薩拉走走。

▲中國也不太鼓勵前往，因為如果中文程度不佳，往往得不到什麼結果。如果真的有興趣，可到台北集文書局文翔圖書公司等與占術、密教有關的書店找尋詳細資料。

▲在日本，想找西藏密教的輔助，不能寄望傳統密教團體（真言、天台）修行。即使在這種場合，也最好是一位老師、數位弟子，人數多是專門教育，一對一的傳授不適合密教。

以上簡單介紹大方向，供有志者參考。但最後別忘了，除了靠自己外，別無他法。如果自己沒有意志，即使再好的老師也沒用，反之，在平庸老師指導下，只要自己拚命用功，最後必是得到非凡成果。請各位加油！祝各位成功。

高藤聰一郎

大展出版社有限公司
品冠文化出版社

圖書目錄

地址：台北市北投區(石牌)
致遠一路二段 12 巷 1 號
郵撥：01669551＜大展＞
電話：(02)28236031
28236033
傳真：(02)28272069

法律專欄連載・大展編號 58

台大法學院　法律學系／策劃
法律服務社／編著

1.	別讓您的權利睡著了(1)	200 元
2.	別讓您的權利睡著了(2)	200 元

・生 活 廣 場・品冠編號 61・

1.	366 天誕生星	李芳黛譯	280 元
2.	366 天誕生花與誕生石	李芳黛譯	280 元
3.	科學命相	淺野八郎著	220 元
4.	已知的他界科學	陳蒼杰譯	220 元
5.	開拓未來的他界科學	陳蒼杰譯	220 元
6.	世紀末變態心理犯罪檔案	沈永嘉譯	240 元
7.	366 天開運年鑑	林廷宇編著	230 元
8.	色彩學與你	野村順一著	230 元
9.	科學手相	淺野八郎著	230 元
10.	你也能成為戀愛高手	柯富陽編著	220 元
11.	血型與十二星座	許淑瑛編著	230 元
12.	動物測驗—人性現形	淺野八郎著	200 元
13.	愛情、幸福完全自測	淺野八郎著	200 元
14.	輕鬆攻佔女性	趙奕世編著	230 元
15.	解讀命運密碼	郭宗德著	200 元
16.	由客家了解亞洲	高木桂藏著	220 元

・女醫師系列・品冠編號 62

1.	子宮內膜症	國府田清子著	200 元
2.	子宮肌瘤	黑島淳子著	200 元
3.	上班女性的壓力症候群	池下育子著	200 元
4.	漏尿、尿失禁	中田真木著	200 元
5.	高齡生產	大鷹美子著	200 元
6.	子宮癌	上坊敏子著	200 元

7. 避孕　早乙女智子著　200 元
8. 不孕症　中村春根著　200 元
9. 生理痛與生理不順　堀口雅子著　200 元
10. 更年期　野末悅子著　200 元

・傳統民俗療法・品冠編號 63

1. 神奇刀療法　潘文雄著　200 元
2. 神奇拍打療法　安在峰著　200 元
3. 神奇拔罐療法　安在峰著　200 元
4. 神奇艾灸療法　安在峰著　200 元
5. 神奇貼敷療法　安在峰著　200 元
6. 神奇薰洗療法　安在峰著　200 元
7. 神奇耳穴療法　安在峰著　200 元
8. 神奇指針療法　安在峰著　200 元
9. 神奇藥酒療法　安在峰著　200 元
10. 神奇藥茶療法　安在峰著　200 元
11. 神奇推拿療法　張貴荷著　200 元

・彩色圖解保健・品冠編號 64

1. 瘦身　主婦之友社　300 元
2. 腰痛　主婦之友社　300 元
3. 肩膀痠痛　主婦之友社　300 元
4. 腰、膝、腳的疼痛　主婦之友社　300 元
5. 壓力、精神疲勞　主婦之友社　300 元
6. 眼睛疲勞、視力減退　主婦之友社　300 元

・心 想 事 成・品冠編號 65

1. 魔法愛情點心　結城莫拉著　120 元
2. 可愛手工飾品　結城莫拉著　120 元
3. 可愛打扮 & 髮型　結城莫拉著　120 元
4. 撲克牌算命　結城莫拉著　120 元

・少年偵探・品冠編號 66

1. 怪盜二十面相　江戶川亂步著　特價 189 元
2. 少年偵探團　江戶川亂步著　特價 189 元
3. 妖怪博士　江戶川亂步著　特價 189 元
4. 大金塊　江戶川亂步著　特價 230 元
5. 青銅魔人　江戶川亂步著　特價 230 元
6. 地底魔術王　江戶川亂步著　特價 230 元

7. 透明怪人	江戶川亂步著	特價 230 元
8. 怪人四十面相	江戶川亂步著	特價 230 元
9. 宇宙怪人	江戶川亂步著	特價 230 元
10. 恐怖的鐵塔王國	江戶川亂步著	特價 230 元
11. 灰色巨人	江戶川亂步著	特價 230 元
12. 海底魔術師	江戶川亂步著	特價 230 元
13. 黃金豹	江戶川亂步著	
14. 魔法博士	江戶川亂步著	
15. 馬戲怪人	江戶川亂步著	
16. 魔人銅鑼	江戶川亂步著	
17. 魔法人偶	江戶川亂步著	
18. 奇面城的秘密	江戶川亂步著	
19. 夜光人	江戶川亂步著	
20. 塔上的魔術師	江戶川亂步著	
21. 鐵人 Q	江戶川亂步著	
22. 假面恐怖王	江戶川亂步著	
23. 電人 M	江戶川亂步著	
24. 二十面相的詛咒	江戶川亂步著	
25. 飛天二十面相	江戶川亂步著	
26. 黃金怪獸	江戶川亂步著	

・武 術 特 輯・大展編號 10

1. 陳式太極拳入門	馮志強編著	180 元
2. 武式太極拳	郝少如編著	200 元
3. 練功十八法入門	蕭京凌編著	120 元
4. 教門長拳	蕭京凌編著	150 元
5. 跆拳道	蕭京凌編譯	180 元
6. 正傳合氣道	程曉鈴譯	200 元
7. 圖解雙節棍	陳銘遠著	150 元
8. 格鬥空手道	鄭旭旭編著	200 元
9. 實用跆拳道	陳國榮編著	200 元
10. 武術初學指南	李文英、解守德編著	250 元
11. 泰國拳	陳國榮著	180 元
12. 中國式摔跤	黃 斌編著	180 元
13. 太極劍入門	李德印編著	180 元
14. 太極拳運動	運動司編	250 元
15. 太極拳譜	清・王宗岳等著	280 元
16. 散手初學	冷 峰編著	200 元
17. 南拳	朱瑞琪編著	180 元
18. 吳式太極劍	王培生著	200 元
19. 太極拳健身與技擊	王培生著	250 元
20. 秘傳武當八卦掌	狄兆龍著	250 元
21. 太極拳論譚	沈 壽著	250 元

22. 陳式太極拳技擊法	馬 虹著	250 元
23. 二十四式 三十二式 太極拳 劍	闞桂香著	180 元
24. 楊式秘傳 129 式太極長拳	張楚全著	280 元
25. 楊式太極拳架詳解	林炳堯著	280 元
26. 華佗五禽劍	劉時榮著	180 元
27. 太極拳基礎講座：基本功與簡化 24 式	李德印著	250 元
28. 武式太極拳精華	薛乃印著	200 元
29. 陳式太極拳拳理闡微	馬 虹著	350 元
30. 陳式太極拳體用全書	馬 虹著	400 元
31. 張三豐太極拳	陳占奎著	200 元
32. 中國太極推手	張 山主編	300 元
33. 48 式太極拳入門	門惠豐編著	220 元
34. 太極拳奇人奇功	嚴翰秀編著	250 元
35. 心意門秘籍	李新民編著	220 元
36. 三才門乾坤戊己功	王培生編著	220 元
37. 武式太極劍精華 +VCD	薛乃印編著	350 元
38. 楊式太極拳	傅鐘文演述	200 元
39. 陳式太極拳、劍 36 式	闞桂香編著	250 元
40. 正宗武式太極拳	薛乃印著	220 元
41. 杜元化＜太極拳正宗＞考析	王海洲等著	300 元
42. <珍貴版>陳式太極拳	沈家楨著	元
43. 24 式太極拳＋VCD	中國國家體育總局著	350 元

・原地太極拳系列・大展編號 11

1. 原地綜合太極拳 24 式	胡啟賢創編	220 元
2. 原地活步太極拳 42 式	胡啟賢創編	200 元
3. 原地簡化太極拳 24 式	胡啟賢創編	200 元
4. 原地太極拳 12 式	胡啟賢創編	200 元

・名師出高徒・大展編號 111

1. 武術基本功與基本動作	劉玉萍編著	200 元
2. 長拳入門與精進	吳彬 等著	220 元
3. 劍術刀術入門與精進	楊柏龍等著	220 元
4. 棍術、槍術入門與精進	邱丕相編著	220 元
5. 南拳入門與精進	朱瑞琪編著	220 元
6. 散手入門與精進	張 山等著	220 元
7. 太極拳入門與精進	李德印編著	元
8. 太極推手入門與精進	田金龍編著	元

・實用武術技擊・大展編號 112

1.	實用自衛拳法	溫佐惠著	250 元
2.	搏擊術精選	陳清山等著	220 元
3.	秘傳防身絕技	陳炳崑著	230 元

・道學文化・大展編號 12

1.	道在養生：道教長壽術	郝　勤等著	250 元
2.	龍虎丹道：道教內丹術	郝　勤著	300 元
3.	天上人間：道教神仙譜系	黃德海著	250 元
4.	步罡踏斗：道教祭禮儀典	張澤洪著	250 元
5.	道醫窺秘：道教醫學康復術	王慶餘等著	250 元
6.	勸善成仙：道教生命倫理	李　剛著	250 元
7.	洞天福地：道教宮觀勝境	沙銘壽著	250 元
8.	青詞碧簫：道教文學藝術	楊光文等著	250 元
9.	沈博絕麗：道教格言精粹	朱耕發等著	250 元

・易學智慧・大展編號 122

1.	易學與管理	余敦康主編	250 元
2.	易學與養生	劉長林等著	300 元
3.	易學與美學	劉綱紀等著	300 元
4.	易學與科技	董光壁著	280 元
5.	易學與建築	韓增祿著	280 元
6.	易學源流	鄭萬耕著	280 元
7.	易學的思維	傅雲龍等著	250 元
8.	周易與易圖	李　申著	250 元

・神算大師・大展編號 123

1.	劉伯溫神算兵法	應　涵編著	280 元
2.	姜太公神算兵法	應　涵編著	280 元
3.	鬼谷子神算兵法	應　涵編著	280 元
4.	諸葛亮神算兵法	應　涵編著	280 元

・秘傳占卜系列・大展編號 14

1.	手相術	淺野八郎著	180 元
2.	人相術	淺野八郎著	180 元
3.	西洋占星術	淺野八郎著	180 元
4.	中國神奇占卜	淺野八郎著	150 元

5.	夢判斷	淺野八郎著	150 元
6.	前世、來世占卜	淺野八郎著	150 元
7.	法國式血型學	淺野八郎著	150 元
8.	靈感、符咒學	淺野八郎著	150 元
9.	紙牌占卜術	淺野八郎著	150 元
10.	ESP 超能力占卜	淺野八郎著	150 元
11.	猶太數的秘術	淺野八郎著	150 元
12.	新心理測驗	淺野八郎著	160 元
13.	塔羅牌預言秘法	淺野八郎著	200 元

・趣味心理講座・大展編號 15

1.	性格測驗① 探索男與女	淺野八郎著	140 元
2.	性格測驗② 透視人心奧秘	淺野八郎著	140 元
3.	性格測驗③ 發現陌生的自己	淺野八郎著	140 元
4.	性格測驗④ 發現你的真面目	淺野八郎著	140 元
5.	性格測驗⑤ 讓你們吃驚	淺野八郎著	140 元
6.	性格測驗⑥ 洞穿心理盲點	淺野八郎著	140 元
7.	性格測驗⑦ 探索對方心理	淺野八郎著	140 元
8.	性格測驗⑧ 由吃認識自己	淺野八郎著	160 元
9.	性格測驗⑨ 戀愛知多少	淺野八郎著	160 元
10.	性格測驗⑩ 由裝扮瞭解人心	淺野八郎著	160 元
11.	性格測驗⑪ 敲開內心玄機	淺野八郎著	140 元
12.	性格測驗⑫ 透視你的未來	淺野八郎著	160 元
13.	血型與你的一生	淺野八郎著	160 元
14.	趣味推理遊戲	淺野八郎著	160 元
15.	行為語言解析	淺野八郎著	160 元

・婦 幼 天 地・大展編號 16

1.	八萬人減肥成果	黃靜香譯	180 元
2.	三分鐘減肥體操	楊鴻儒譯	150 元
3.	窈窕淑女美髮秘訣	柯素娥譯	130 元
4.	使妳更迷人	成　玉譯	130 元
5.	女性的更年期	官舒妍編譯	160 元
6.	胎內育兒法	李玉瓊編譯	150 元
7.	早產兒袋鼠式護理	唐岱蘭譯	200 元
8.	初次懷孕與生產	婦幼天地編譯組	180 元
9.	初次育兒 12 個月	婦幼天地編譯組	180 元
10.	斷乳食與幼兒食	婦幼天地編譯組	180 元
11.	培養幼兒能力與性向	婦幼天地編譯組	180 元
12.	培養幼兒創造力的玩具與遊戲	婦幼天地編譯組	180 元
13.	幼兒的症狀與疾病	婦幼天地編譯組	180 元

14. 腿部苗條健美法	婦幼天地編譯組	180 元
15. 女性腰痛別忽視	婦幼天地編譯組	150 元
16. 舒展身心體操術	李玉瓊編譯	130 元
17. 三分鐘臉部體操	趙薇妮著	160 元
18. 生動的笑容表情術	趙薇妮著	160 元
19. 心曠神怡減肥法	川津祐介著	130 元
20. 內衣使妳更美麗	陳玄茹譯	130 元
21. 瑜伽美姿美容	黃靜香編著	180 元
22. 高雅女性裝扮學	陳珮玲譯	180 元
23. 蠶糞肌膚美顏法	坂梨秀子著	160 元
24. 認識妳的身體	李玉瓊譯	160 元
25. 產後恢復苗條體態	居理安・芙萊喬著	200 元
26. 正確護髮美容法	山崎伊久江著	180 元
27. 安琪拉美姿養生學	安琪拉蘭斯博瑞著	180 元
28. 女體性醫學剖析	增田豐著	220 元
29. 懷孕與生產剖析	岡部綾子著	180 元
30. 斷奶後的健康育兒	東城百合子著	220 元
31. 引出孩子幹勁的責罵藝術	多湖輝著	170 元
32. 培養孩子獨立的藝術	多湖輝著	170 元
33. 子宮肌瘤與卵巢囊腫	陳秀琳編著	180 元
34. 下半身減肥法	納他夏・史達賓著	180 元
35. 女性自然美容法	吳雅菁編著	180 元
36. 再也不發胖	池園悅太郎著	170 元
37. 生男生女控制術	中垣勝裕著	220 元
38. 使妳的肌膚更亮麗	楊 皓編著	170 元
39. 臉部輪廓變美	芝崎義夫著	180 元
40. 斑點、皺紋自己治療	高須克彌著	180 元
41. 面皰自己治療	伊藤雄康著	180 元
42. 隨心所欲瘦身冥想法	原久子著	180 元
43. 胎兒革命	鈴木丈織著	180 元
44. NS 磁氣平衡法塑造窈窕奇蹟	古屋和江著	180 元
45. 享瘦從腳開始	山田陽子著	180 元
46. 小改變瘦 4 公斤	宮本裕子著	180 元
47. 軟管減肥瘦身	高橋輝男著	180 元
48. 海藻精神秘美容法	劉名揚編著	180 元
49. 肌膚保養與脫毛	鈴木真理著	180 元
50. 10 天減肥 3 公斤	彤雲編輯組	180 元
51. 穿出自己的品味	西村玲子著	280 元
52. 小孩髮型設計	李芳黛譯	250 元

・青春天地・大展編號 17

1. A 血型與星座	柯素娥編譯	160 元
2. B 血型與星座	柯素娥編譯	160 元

國家圖書館出版品預行編目資料

秘傳！西藏秘教奧義／高藤聰一郎著，李芳黛譯，
一初版，一臺北市，大展，民86
面；　公分一（超現實心靈講座；23）
譯自：秘伝！チベット密教奥義
ISBN 957-557-730-2（平裝）

1.密宗

226.91　　86007136

秘傳！西藏秘教奧義　ISBN 957-557-730-2

原 著 者／高藤聰一郎
編 譯 者／李 芳 黛
發 行 人／蔡 森 明
出 版 者／大展出版社有限公司
社　　址／台北市北投區（石牌）致遠一路 2 段 12 巷 1 號
電　　話／（02）28236031・28236033・28233123
傳　　眞／（02）28272069
郵政劃撥／01669551
E－mail ／dah-jaan@ms 9.tisnet.net.tw
登 記 證／局版臺業字第 2171 號
承 印 者／高星印刷品行
裝　　訂／日 新 裝 訂 所
排 版 者／弘益電腦排版有限公司
初版 1 刷／1997 年（民 86 年）8 月
初版 2 刷／2002 年（民 91 年）7 月

定　　價／250元

大展好書　好書大展
品嘗好書　冠群可期

大展好書　好書大展
品嘗好書　冠群可期